KB179042

토머스 쿤이 들려주는
패러다임 이야기

토머스 쿤이 들려주는

패러다임 이야기

ⓒ 오채환, 2007

초판 1쇄 발행일 2007년 1월 31일
초판 12쇄 발행일 2022년 6월 3일

지은이   오채환
그림   이정화
펴낸이   정은영

펴낸곳   (주)자음과모음
출판등록   2001년 11월 28일 제2001-000259호
주소   10881 경기도 파주시 회동길 325-20
전화   편집부 (02)324-2347 경영지원부 (02)325-6047
팩스   편집부 (02)324-2348 경영지원부 (02)2648-1311
e-mail   jamoteen@jamobook.com

ISBN 978-89-544-1965-9 (64100)

토머스 쿤이 들려주는
패러다임 이야기

오채환 지음

|주|자음과모음

책머리에

　이야기를 나누다가 혹은 글을 읽다가 뜻 모를 말이 나오면 당황하기 마련입니다. 그런 말 중 짧은 시간에 나타났다 사라지는 것도 있지만, 일상생활에서 자리를 잡고 널리 쓰이게 되는 것이 있습니다. 이렇게 하나의 말이 자리 잡기까지는 오랜 시간이 걸리는데, 그동안 간혹 잘못 쓰였다가 처음의 의미가 바뀌는 경우도 있습니다. 널리 사용되고 있지만 사용하는 사람들이 그 말의 정확한 의미를 몰랐을 때 생기는 일이지요. 그 말이 어떻게 해서 생겨났는지 모르거나 충분히 이해되지 않았을 때는 특히 그렇게 되기 쉽습니다. 이제 우리가 배우게 될 '패러다임(paradigm)'이라는 말은 널리 사용되고 있지만 정확한 의미를 놓치기 쉬운 말 중 하나입니다.

　한 시대에는 사람들에게 보통으로 받아들여지는 이론(상식)이 있습니다. 그러나 이 이론이 사람들에게 보통으로 받아들여지기 어려운 현상이 나타나 혼란을 겪게 되면 그것을 대신할 만한 놀라운 이론이 새롭게 등장합니다. 토머스 쿤이 주장한 '패러다임' 이론도 '실증주의' 이론이 널리 인정받고 있는 중에 새롭게 등장했습니다.

실증주의란, 과학이란 실험을 통해 이론적 검증과 반증을 거치면서 수정을 거듭하여 차곡차곡 진리를 쌓아 나간다는 주장입니다. 특히 과학 철학자 포퍼에 의하면 진리는 이 세상에 반드시 존재하며, 과학은 그 진리를 발견하기 위한 끊임없는 노력으로서 점점 더 객관적이고 보편적인 진리에 다가가 발전을 이룬다고 합니다. 우리의 상식과 일치하는 주장입니다. 하지만 놀랍게도 토머스 쿤은 이런 상식적 확신을 반박합니다. 그래서일까요? 그의 이론은 등장한 지 40년이 된 지금도 많은 논란을 일으키고 있답니다.

'패러다임'은 토머스 쿤의 이론에 설득력을 더해 주는 핵심적 개념입니다. 오늘날 이 말은 처음 생겨난 과학 이론에만 한정되지 않고 사회학, 정시학, 경제학, 언어학, 심지어는 일상생활에 이르기까지 널리 쓰이고 있습니다. 이전의 관습이나 제도, 방식을 단번에 깨뜨리고 급격하게 새로운 것을 세우는 현대의 모든 분야를 표현할 때 '패러다임'이라는 말을 쓰지요. 현대의 학문과 사회에 대해 무언가를 쓰거나 이야기할 때 '패러다임'이라는 말을 사용하지 않을 수 없게 되어, '패러다임'이라는 말을 사용하는 것이 바로 하나의 '패러다임'이기도 하답니다. 이쯤되면 여러분도 왜 '패러다임'이라는 말에 대한 정확한 이해가 필요한지 알겠지요? 재미있는 이야기와 '철학 돋보기'를 통해 정확히 이해해 보도록 합시다.

2007년 1월
눈 쌓인 충청도 산골 집필실에서 오채환

C O N T E N T S

책머리에
프롤로그

에필로그
부록_통합형 논술 활용노트

저녁 여덟 시. 태평리 마을회관은 빈자리 하나 없을 정도로 꽉꽉 찼습니다. 마을 회관 한쪽 벽에는 월드컵 직전에 장만한 대형 텔레비전이 놓여 있고, 텔레비전 바로 앞에는 방앗간을 하는 김 이장이 엄숙한 표정으로 마을 어른들을 마주하고 섰습니다.

"학부모 여러분, 이렇게 와 주셔서 대단히 감사합니다. 여기 모이신 분들은 우리 태평초등학교 축구부 선수들의 부모님들이십니다. 에, 우리는 오늘 태평리의 축구 중흥의 역사적 사명을 띠고 이 자리에 모였습니다. 월드컵 기간 동안 우리 모두는 붉은 악마가 되어 우리나라 대표들을 뜨겁게 응원했습니다. 그리고 월드컵이 끝난 지금 우리는 그때의 마음을 잃지 않도록 노력해야 합니다. 에, 오늘 이렇게 모인 까닭은 앞으로 우리 태평초등학교 축구부가 나아갈 곳이 과연 어디일까 생각해 보고 그 방법을 모색하기 위해서입니다!"

준비해 온 연설문을 읽는 김 이장의 목소리에는 잔뜩 힘이 들어가 있었습니다. 어디선가 많이 들어 본 듯한 말들인데 주먹을 불끈 쥐어 보이기까지 하니 처음 듣는 것처럼 긴장될 정도였습니다.

동네 어른들은 평소에 김 이장을 '떡 이장, 떡 이장' 하며 놀려 대곤 합니다. 그러면 방앗간을 하는 김 이장은 "그래도 이 떡 이장이 없으면 우리 동네는 누가 지키나?" 하면서 껄껄 웃습니다. 그런데 이 날은 그런 웃음기는 찾아볼 수 없었습니다. 마을 회관에 모인 어른들 역시 열변을 토하는 김 이장만큼 진지하기 그지없는 얼굴들이었습니다.

태평초등학교 축구부는 이름값을 하느라 그런지 공을 빼앗겨도 태평, 꼴찌를 해도 태평, 천하태평이기로 유명합니다. 지역 예선 경기 때마다 태평초등학교가 인기 있는 것도 다 그런 까닭입니다. 태평초등학교 축구부와 붙으면 힘들이지 않고 예선을 통과할 수 있으니까요. 사실 이 지경이 되기까지는 운동하는 것을 하찮게 여겼던 어른들의 탓도 있었습니다. 하지만 우리나라에서 월드컵을 치르고 나서는 어른들의 생각도 많이 달라졌습니다.

"지금 우리 꼴이 어떻습니까? 우리 아이들의 능력이 정말 그 정도밖에 안 됩니까? 우리 경호, 영식이, 준태는 가능성이 있는 아이들입니다. 그런데 우리는 그런 아이들에게 어떻게 했나요? 학교 파하면 빨리 집에 돌아올 것이지, 시간 아깝게 공이나 찬다고 야단치지 않았습니까? 에, 이제는 생각을 바꾸어야 합니다!"

"옳소!"

그때 준태 아버지가 힘차게 박수를 치며 자리에서 일어섰습니다. 하지만 박수를 치던 손으로 뒷덜미를 긁으며 머쓱한 표정으로 얼른 제자리에 앉고 말았습니다. 몇몇 어른들이 분위기 깬다고 비난하는 듯한 눈길을 보냈기 때문입니다.

다시 모든 어른들의 눈이 김 이장에게로 향했습니다. 그런데 연설은 그것으로 끝났는지 김 이장은 펴 들었던 종이를 접어서는 점퍼 안주머니에 넣었습니다.

그때 준태 아버지가 다시 한 번 몸을 일으키더니, 이번에는 앞으로 나가 대형 텔레비전 앞에 섰습니다.

"저기, 학부모 여러분! 제 말 들리세요?"

"회관이 얼마나 넓다고 그려. 귓속말을 해도 들리겠구먼. 준태 아버지도 할 말이 있는 게지요?"

동네 수다쟁이 미영이 어머니가 대답했습니다. 사람들이 주목하고 있는 것을 확인한 준태 아버지는 몇 번 목을 가다듬더니 엄숙한 표정으로 말을 시작했습니다.

"우리가 자라면서 언제 운동 하는 것을 대단하다고 생각해 본 적 있나요? 공부는 안 하고 쓸데없는 짓이나 한다고 했지요. 그런데 제가 지난번에 준태하고 이야기를 해 봤는데, 요즘 사람들은 사법 고시 수석한 사람 이름은 몰라도 축구 선수 이름은 죄다 꿰고 있지 않느냐고 하지 않겠어요. 박지성, 이영표, 이운재, 이천수……, 이렇게 선수들 이름은 모두 다 알지 않느냐고 그러더라니까요. 그때 저는 아, 이거다 하는 생각이 들었습니다. 세상이 바뀌어도 한참 바뀌었어요. 변호사, 판사, 의사해야 성공했다고 하는 시대는 지났다니까요……. 그러니까 내 말은 우리 부모들이 팍팍 밀어줘도 박지성 선수 하나 나올까 말까 한데, 선생님들이 애들 운동 좀 시킨다고 불평이나 하고 그래선 안 된다는 말입니다. 암, 안 되고말고요. 우리가 월드컵 때 응원했던 정성 반의반만이라도 아이들에게 보여야 합니다."

준태 아버지 말에 어른들은 열심히 고개를 끄덕였습니다.

"그런데요……."

영식이 어머니가 손을 들고 엉거주춤 일어났습니다. 영식이는 월드컵 기간 동안 축구의 경기 방법과 규칙 등을 동네 어른들에게 알기 쉽게 설명해 주어서 '축구 도사'로 통하는 축구부원입니다.

"네, 영식이 어머니. 말씀하세요."

"다짐하고 그러는 것도 좋지만, 제 생각에는 뭔가 구체적인 방법을 찾아야 하는 게 아닌가 해서요……."

영식이 어머니는 수줍어서인지 말끝을 흐렸습니다. 그런데 그런 영식이 어머니 말에 마을 회관에 모인 모든 어른들은 지금까지보다 더 깊이 고개를 끄덕이며 동의하는 말 한마디씩 보탰습니다. 다짐만 할 게 아니라 구체적으로 어떻게 해야 할지 의견을 모아 보자는 말들이었습니다.

김 이장이 다시 대형 텔레비전 앞에 섰습니다.

"네, 바로 그것을 의논해 보자고 이렇게 오시라고 한 것입니다. 어떻게 하면 좋겠습니까?"

모두들 선뜻 의견을 내지 못했습니다. 얼마 전까지만 해도 '운동을 하는 아이는 공부 안 하는 아이'라며 아이들을 혼냈으니 얼른 의견이 나오지 않는 게 당연합니다. 그렇다고 새롭게 다잡은 마음이 구체적으로 어떤 것인지도 확실하지 않습니다. 자전거 대신 자동차를 선물로 받고 더 빠르게 다닐 수 있다며 기뻐하지만, 그렇게 되면 어떤 변화가 일어날지, 심지어는 어떻게 운전해야 할지 모르는 것과 같다고 할까요?

"애들이 훈련할 때 간식을 갖다 주면 어떨까요?"

"어, 그거 좋은 생각일세."

차돌이 어머니가 의견을 내자 차돌이 아버지가 맞장구를 쳤습니다.

"시합 때 한 분도 빠지지 않고 응원을 가면 어떨까요? 애들도 엄마, 아빠가 보고 있으니까 더 기운을 낼 거예요."

그때 구체적인 방법을 찾아보자던 영식이 어머니가 의견을 냈습니다.

"저는요, 보다 더 근본적인 변화가 필요하다고 생각해요. 실질적인 도움이 될 변화 말이지요. 그래서 말인데, 히딩크 감독처럼 실력 있는 감독님을 모셔 와 첫 단계부터 새롭게 배우게 하는 것은 어떨까요?"

영식이 어머니의 말이 끝나자 마을 회관에 모인 대부분의 어른들이 감탄사를 연발하며 찬성했습니다.

"실력 있는 감독님한테 배우면 우승하는 건 시간문제일 거예요!"

"맞아요!"

"저도 동의해요!"

준태 아버지처럼 박수를 치는 어른도 있었습니다.

김 이장은 신이 났습니다.

"자자, 좋아요, 좋아요. 그러면 지금까지 의견을 종합해 보겠습니다. 우선 아이들이 마음 놓고 연습할 수 있도록 격려를 아끼지 않기로 한 것 잊지 않으셨겠지요? 그리고 시합 때 응원을 가기로 했고요. 에, 또 훈련 시간에 간식을 갖다 주는 것도 애들의 사기를 높이는 데 도움이 될 것이라고 했습니다. 마지막으로 새로운 감독 모시는 것에는 전원 일치를 본 셈입니다. 또 다른 의견이 있으면 말씀해 주세요."

김 이장은 상기된 얼굴로 또 다른 의견이 있는지 회관을 한 바퀴 둘러보았습니다.

여기저기에서 새로운 의견들이 터져 나오기 시작했습니다.

"얼마 전 마을에 철도가 들어오게 돼서 다들 보상금을 받았잖아요. 새로운 감독님을 모시는 김에 애들 축구화도 좀 나은 걸로 바꿔 줍시다."

"축구공도 하나밖에 없던데, 좀더 사야 해요!"

"제대로 된 축구장을 하나 만듭시다!"

"시합 때 움직일 전세 버스도 필요해요!"

"훈련하는 애들을 보살피게 엄마들이 당번을 서는 건 어떨까요?"

김 이장은 손을 재게 놀려 의견들을 받아 적었습니다. 얼마나 많은 의견이 쏟아졌는지 몇십 분 안 되는 동안 종이 석 장이 가득 채워졌습니다.

김 이장이 의견 적힌 종이를 접어 연설문을 넣었던 점퍼 안주머니에 찔러 넣고는 말했습니다.

"에, 감사합니다, 여러분. 좋은 의견이 아주 많습니다. 에, 우리 태평리의 축구 중흥의 역사적 사명을 띤 마을 축구 운영회는 여러분의 제안을 심사숙고하여 하나하나 실천해 가도록 하겠습니다. 이상, 좋은 저녁 되시기를 바라며, 바쁘실 텐데 이렇게 와 주셔서 진심으로 감사드리는 바입니다."

"와아!"

마을 회관에 모인 어른들이 모두 자리에서 일어나 박수를 쳤습니다. 그 박수에는 변화를 위해 노력하겠다는 모두의 다짐이 담겨 있었습니다.

자, 이제 태평초등학교 축구단은 어떻게 변해 갈까요? 과연 승리를 거머쥘 수 있을까요?

1

'과학 축구'라는
패러다임에 희망을 걸다

 개념 정의 없이 사용하는 단어야말로 현대의 바벨탑이다.

– 토머스 쿤

1 생각을 바꾸면 길이 보인다

월요일 오후 태평초등학교 운동장, 축구부원 전원이 열중쉬어 자세를 하고 일렬로 섰습니다. 태평초등학교 축구부원은 영식이랑 준태 같은 주전 선수 외에도 어느새 열 명이나 더 늘어나 있었습니다. 교장과 김 이장이 아이들과 마주 서고, 선생님들과 학부모들이 아이들의 주변을 에워싸고 있었습니다.

교장이 몹시 상기된 목소리로 말을 시작했습니다.

"에, 안녕하십니까? 오늘 우리가 이렇게 모인 것은 축구부를 맡이 주실 새로운 감독 선생님이 오셨기 때문입니다. 에, 우리 축구부는……"

교장의 말이 이어지고 있는데, 영식이가 준태의 옆구리를 쿡 찌르며 낮게 속삭였습니다.

"응, 저분인가 봐, 저기 회색 점퍼 입으신 분."

"야, 우린 이제 죽었다. 되게 무서우실 것 같아, 그치?"

영식이와 준태는 속닥거리면서 교장의 뒤쪽에 쌓여 있는 박스를 힐끔힐끔 쳐다보았습니다.

영식이가 또 한 번 준태의 옆구리를 찌르고는 아주 작게 속삭였습니다.

"영식아, 저 박스에 뭐가 들어 있는 줄 아냐?"

"나도 몰라. 뭔지 엄청 기대되는걸."

그 박스 안에는 태평초등학교 축구부의 서포터가 되기로 한 부모님들이 준비한 선물이 들어 있었습니다. 마을 회관에서 의견을 내었던 대로 고급 축구화와 운동선수 한 사람당 두 개씩 얻게 될 축구공이었습니다.

지금 입고 있는 축구부 유니폼과 운동장 양옆에 세워진 제대로 된 골대 역시 부모님들이 지원해 준 것들입니다. 게다가 앞으로는 시합이 가까워지면 엄마들이 돌아가면서 간식을 챙겨 주고, 시합 날은 전세 버스까지 준비한다고 했습니다. 이렇게 선물을 받았는데 또 뭔가를 받는다고 생각하니 기대가 되는 것도 당연합니다.

교장이 새로 온 감독을 소개했습니다.

"에, 이분은 김상식 감독이십니다. 여러분에게 잠깐 소개하자면, 국가 대표로 뛴 적이 있고, 외국에서 프로 선수로 활약했습니다. 국내로 들어 온 지는 얼마 안 되신 걸로 알고 있습니다."

여기까지의 소개만으로도 학부모들은 무척 만족한다는 표정을 지었습니다. 도시에 위치한 학교도 아닌데다 시합 성적도 썩 좋지 않은 이곳에서 외국까지 다녀온 사람을 감독으로 맞아들이기가 그리 쉽지 않은 일일 테니까요.

교장의 말이 계속되었습니다.

"설마 오실 거라고는 기대도 못했습니다. 그런데 이렇게 와 주시다니 어떻게 감사 인사를 해야 할지 모르겠습니다. 저희 모두 깊이 고개 숙여 감사드리는 바입니다. 부임 첫날인데 우리 학생들과 학부모들께 한 말씀 해 주시지요."

축구부 아이들은 감히 새로 온 감독 쪽으로 시선을 돌리지 못했습니다. 간혹 시선을 두는 아이도 있었지만 감독의 외모에 입을 떠 벌리고 그대로 굳어 비리고 밀있습니다. 거인처럼 큰 기와 널굴을 가린 새까만 선글라스, 바짝 깎은 짧은 머리, 군화처럼 생긴 큼직한 신발, 그리고 솥뚜껑같이 큰 손. 그 모습만 보아도 가히 무시무시하게 느껴져서였습니다.

새로 온 감독이 외모에 걸맞는 우렁찬 목소리로 인사했습니다.

"학생 여러분, 그리고 학부모님들 반갑습니다. 김상식이라고 합니다."

김 이장이 얼른 눈치를 줄 때에야 반쯤 얼어 있던 축구부 아이들이 박수를 치기 시작했습니다. 학부모들과 선생님들 역시 힘찬 박수를 보냈고요.

"허허허, 제 이름이 좀 특이하지요. '상식'입니다, 상식! 여기 계신 분들 모두 상식이라는 말이 무슨 뜻인지 알고 계실 겁니다. 한번 설명해 볼까요?"

상식! 자주 쓰지만 그 뜻을 풀어 설명하라면 선뜻 대답하기 어려운 말 중 하나입니다. 운동장에 모여 있던 사람들 역시 서로 눈치만 살필 뿐 쉽게 대답하지 못했습니다.

김 감독의 말이 이어졌습니다.

"상식이란 우리가 발견한 과학적 내용이 하나씩 하나씩 쌓여서

당연하게 여기게 된 것들을 말합니다. 달이 지구의 위성이라는 것, 지구가 둥글다는 것, 무거운 물체나 가벼운 물체나 같은 높이에서 떨어뜨리면 땅에 닿는 데 걸리는 시간이 같다는 것 등. 이런 것들은 지금은 상식이 되어 버렸지만 그렇게 되기 전까지는 상상조차 하지 못했던 사실들입니다. 과학적으로 파고들어 발견해 내지 못했다면 알 수 없는 진실들입니다."

상식? 과학? 새로 온 감독은 첫인사에 축구 얘기가 아니라 달이 어쩌고 지구가 어쩌고 하는 어려운 얘기만 했습니다. 고학년 축구부원들은 긴장이 되어서인지 열중쉬어 자세로 꼿꼿하게 서서 움직이지 않았지만, 저학년 아이들은 슬슬 몸을 비틀며 고개를 갸웃거리기 시작했습니다.

"학교 교육 과정에서 여기까지 진도를 내지 못했다면 아직 모를 수도 있겠군요. 옛날에는 지구가 둥글다는 말을 절대 안 믿는 사람들이 있었다는 말입니다."

그렇습니다. 아주 옛날 사람들은 지구가 편평하다고 믿었습니다. 그들은 콜럼버스가 항해하기 전까지 영국이 세상의 끝이라고 생각했습니다. 그런 사람들에게 지구가 둥글다고 하면 쉽게 믿어 주었겠어요? 정말 파격적인 이론이었겠지요.

김 감독이 처음으로 축구라는 말을 꺼냈습니다.

"태평초등학교의 축구부는 이길 수 있습니다! 예전에 못했다고 앞으로도 못할 것이라는 생각은 버려야 합니다. 그래서 생각의 전환이 매우 중요하지요. 저는 그렇다고 믿기 때문에 이렇게 여기까지 왔습니다. 생각을 바꾸면 나아갈 길이 보이지 않겠습니까?"

"옳습니다!"

김 감독의 말에 감명을 받았는지 김 이장이 순간 소리 높여 대답했습니다. 교장과 학부모들은 모두 얼이 빠진 표정을 하고 있었습니다.

김 이장의 열렬한 반응 때문인지, 김 감독이 상기된 목소리로 다음 말을 이어갔습니다.

"자, 생각해 봅시다. 넓디넓은 바다 위에 길 잃은 뗏목 한 척과 첨단 장비를 갖춘 선박 한 척이 있습니다. 이 둘은 분명 다릅니다. 무엇이 다를까요?"

영식이가 대답했습니다.

"헤헤헤, 뗏목은 저어야 가고요, 선박은 자동으로 가요."

그 옆에 있던 준태도 한몫 거들었습니다.

"뗏목은 꼬졌고요, 선박은 안 꼬졌어요."

준태의 대답에 교장의 얼굴이 일순간 굳어졌습니다. 하지만 김 감독은 재미있는 대답이라는 듯이 미소를 띠며 이야기를 이어갔습니다.

"맞아요. 저 학생들의 말대로 뗏목과 선박은 분명한 차이점을 가지고 있습니다. 바다 위에 떠 있다는 것은 같지만, 선박에는 뗏목에 없는 기술이 있지요. 게다가 뗏목은 쉽게 부서져 버릴 수도 있지요. 우리 축구부도 뗏목에서 선박으로 변해야 합니다. 그러기 위해서는 연습이 필요하고, 기술이 필요하지요. 연습은 여러분의 몫입니다. 그리고 기술을 잘 갈고 닦을 수 있도록 방향을 잡아 주는 것은 저의 몫이지요. 그래서 제가 온 것 아니겠습니까?"

김 감독의 무시무시한 첫인상에 기죽어 있던 아이들도 그의 의지를 이해했는지 눈을 빛냈습니다. 아이들의 얼굴에는 잘해 보자는 굳은 의지가 흘러넘치고 있었습니다.

김 감독이 더욱 강한 어조로 목표로 하는 것을 이야기했습니다.

"자, 우리에게 가장 중요한 것은 목표를 세우는 것입니다. 목표 없는 선박은 아무리 첨단 항해 장비를 다 갖추어도 고철 덩어리나 다름없습니다. 우리의 제1차 목표는 지역 예선 통과입니다. 나중에는 전국 우승도 할 수 있습니다. 그렇지만 지금 상태로는 갈 길이 너무

ㅏ 멀다는 것 정도는 알고 계시겠지요?"

태평초등학교 축구부는 동네 축구에서도 승리를 거두기 어려운 수준입니다. 또한 축구부 10년 역사에 지역 예선을 통과했던 적은 한 번도 없습니다. 김 감독은 이런 사실을 알면서 목표를 그렇게 세웠을까요? 지금 상황에서 지역 예선을 통과하는 것은 정말 '상식적'으로 불가능한 이야기입니다.

하지만 김 감독의 목소리는 수그러들지 않았습니다.

"방과 후에 공 차고 논다는 생각에서 벗어나, 이번 시합에서는 목숨 걸고 이겨야겠다고 마음먹어야 합니다. 이것이 바로 사고의 전환입니다. 즉 패러다임을 바꾸는 것입니다."

열심히 고개를 끄덕이며 듣고 있던 김 이장이 물었습니다.

"패러다임? 토너먼트, 미드필더, 레드카드 같은 축구 용어는 아는데 이건 또 처음 들어 보는 말이네요. 감독님, 패러다임이란 어쩔 때 사용하는 축구 용어인가요?"

김 감독은 웃으며 대답했습니다.

"허허허, 한번쯤 들어 보신 말일 겁니다. 요즘 아주 많이 사용되고 있으니까요. 하지만 축구 용어는 아니랍니다. 패러다임이란 '세상을 바라보는 시각'입니다. 토머스 쿤이라는 사람이 '과학혁명의 구조'라는 책에서 처음 사용했습니다."

김 이장이 교장에게 속삭였습니다.

"토머스 쿤? 교장 선생님은 토머스 쿤인가 하는 사람에 대해 들어 보신 적 있으세요?"

김 이장은 갑자기 머릿속이 복잡해졌다는 표정을 지었습니다. 교장이 들어 보기는 했지만 잘 모르겠다고 얼른 대답하고는 다시 김 감독 쪽으로 고개를 돌렸습니다.

김 감독이 토머스 쿤에 대해 설명했습니다.

"토머스 쿤은 20세기 가장 영향력 있는 과학자이며 철학자입니다. 그는 과학 사상의 혁명적 변화에 대해 연구했지요. 그래서 철학, 사회학, 언어학 등을 두루 섭렵한 새로운 과학 혁명의 이론적 체계를 세우게 되었는데, 그것이 바로 패러다임입니다. 축구를 생각해 보세요. 아직도 시시껄렁한 놀이 정도로만 생각할 분도 계시겠지만, 따지고 보면 엄연한 규칙과 방법이 있는 스포츠입니다. 기술, 체력, 경험, 지식이 따르지요. 이 모든 것에서 하나라도 빠지면 경기는 흐지부지되고 맙니다. 지금까지 태평초등학교의 학부모님과 학생들이 생각하는 축구가 그저 방과 후에 공 차고 노는 정도였다면, 그런 생각을, 그런 패러다임을 바꿔야 합니다."

준태 아버지가 이제야 알겠다는 듯이 힘차게 고개를 끄덕였습니다.

김 감독이 부탁의 말을 덧붙였습니다.

"이제 제가 과학 축구의 시대를 열어 보이겠습니다. 그저 공을 차며 신나게 놀아 보자고 생각해선 안 됩니다. 체력을 점차 강화시켜 나가고, 기술도 연마해야 합니다. 두 달 있으면 지역 예선이 시작됩니다. 저와 아이들의 힘만으로는 부족합니다. 부모님들도 먹는 것과 자는 것 등에서 좀더 아이들에게 도움이 되도록 신경써 주십시오. 우선 전문 영양사를 고용해서 식단을 짤 테니 아이들의 아침 식사를 챙겨 주실 때와 도시락을 쌀 때에 꼭 참고해 주셨으면 합니다."

과학 축구! 짜임새 있는 훈련과 거기에서 얻은 승리라는 말로 들려 다들 귀가 솔깃해졌습니다. 아이들의 놀이 정도로만 여겼던 축구를 전문적인 스포츠로 생각하기 시작하는 순간이었습니다. 사고의 혁명을 겪은 것이지요. 그렇습니다. 패러다임이 바뀐 것입니다.

"우리의 새로운 패러다임은 '과학 축구'입니다! 앞으로 저를 믿고 따라 주셨으면 합니다. 감사합니다."

김 감독이 인사말을 마치자 각오를 다지는지 순간 분위기가 엄

숙해졌습니다. 그때 한쪽에서 박수를 치기 시작했습니다. 태송이 어머니였습니다. 다른 사람들도 따라 박수를 쳤습니다. 준태 아버지는 한 손을 들어 선서하듯 말했습니다.

"우리 태평초등학교 축구부 여러분, 그리고 학부모 여러분! 한번 제대로 변해 보자고요!"

어른들이 함성을 지르며 더 뜨겁게 박수를 쳤습니다.

"와아! 와아!"

축구부 아이들은 가슴속에서 무언가가 뜨겁게 끓어오르는 것을 느꼈습니다. 월드컵이 끝나면서 수그러들고 말았던 설렘과 뿌듯함이 가슴을 한쪽을 가득 채우기 시작했습니다.

태평리에 과학 축구의 새 지평이 열리는 순간입니다!

2 초콜릿 대신 잡곡밥?

"와, 이거 대단해 보이는데요?"

김 감독이 준비해 온 일람표를 훑어보면서 교장이 감탄했습니다. 6학년 2반 교실에 모인 선생님들과 축구부원들도 일람표에 눈이 휘둥그레졌습니다. 달력 네 개를 나란하게 배열한 일람표는 빨강, 노랑, 초록, 파랑으로 울긋불긋 아주 화려해 보였습니다.

김 감독이 말했습니다.

"네, 이것은 훈련 계획표입니다."

김 감독이 첫 번째 일람표 쪽으로 손을 가져갔습니다. 모두의 눈이 그쪽으로 향했습니다.

"빨간색은 심폐기능 강화 훈련을 의미합니다. 심폐기능을 단련시키는 데는 달리기 같은 유산소운동이 좋습니다. 물론 이것만으로는 부족합니다. 파워는 근육에서 나오거든요. 덩치도 덩치지만 힘이 따라 주지 않으면 안 됩니다. 심폐기능과 근력 강화 훈련을 같이 하면, 뛸 때 훨씬 덜 힘이 들고 공을 찰 때 힘이 있고 공을 빼앗을 때 발휘할 수 있는 힘도 몇 배나 좋아집니다."

김 감독이 손가락으로 일람표의 파란색을 가리켰습니다.

"자, 근력 강화 훈련은 파란색입니다. 파란색은 초록색과 번갈아 표시되어 있습니다. 초록색은 파란색과 짝을 이루는데 휴식을 의미합니다. 근육은 움직여 주는 것만큼이나 충분히 쉬어 주는 것도 중요합니다. 근육은 우리가 휴식을 취하는 동안에 생기거든요."

교실에 모인 선생님들과 학생들은 김 감독의 말을 들으며 감탄했습니다. 사람의 몸을 과학적으로 단련하는 방법이 있다는 것을 처음 알았던 것이지요.

김 감독이 세 번째 달력을 손으로 가리키며 물었습니다.

"자, 세 번째 달력에서 제일 많은 색깔이 무엇입니까?"

도훈이가 얼른 손을 들고 대답했습니다.

"노란색이요!"

김 감독은 도훈이의 민첩함에 만족한 듯 미소를 띠며 말을 이었습니다.

"네, 노란색은 본격적으로 축구를 연습한다는 의미입니다. 드리블부터 시작해서 헤딩과 패스 등등, 우리가 훈련해야 하는 부분이 아주 많지요? 그렇지만 저를 믿고 따라 주면 좋은 결과가 있으리라 확신합니다. 이만하고 교장 선생님께서 영양사 선생님을 소개시켜 주겠습니다."

김 감독의 설명을 흐뭇하게 듣고 있던 교장이 아차, 하며 교실 한쪽에 서 있던 선생님 한 명을 중앙으로 오게 했습니다.

교장이 말했습니다.

"에, 여러분, 영양사로 오신 장 선생님입니다. 다들 인사합시다. 반갑습니다."

"반갑습니다!"

하늘색 정장을 입어 화사해 보이는 장 선생이 허리를 숙여 보이자, 선생님들과 축구부원들은 한목소리로 인사했습니다.

장 선생이 말했습니다.

"니러분, 만갑습니나. 심 삼복님 넉분에 태병리에도 와 보네요. 경치도 아름답고, 공기도 너무 좋아요."

김 감독이 웃는 얼굴로 말했습니다.

"자, 모두 박수!"

작은 교실은 박수 소리로 가득 찼습니다.

김 감독이 또 한마디 했습니다.

"훈련도 중요하지만 여기 장 선생님의 지시를 잘 듣고 부모님께 전해 드리는 것이 딱 일곱 배로 중요합니다. 알아들었죠?"

"네!"

축구부원들의 씩씩한 대답이 마음에 들었는지 김 감독은 흡족해하는 얼굴이었습니다.

장 선생이 일람표에 그려진 동그라미들을 손으로 가리켰습니다. 동그라미 안에는 몇 가지 식품이 적혀 있었습니다.

"여러분, 훈련은 두 가지로 이루어집니다. 20퍼센트의 직접적인 운동과 80퍼센트의 식습관입니다. 전에는 여러분이 훈련 도중 간식으로 초콜릿이 입혀진 빵이나 과자 같은 것들을 먹었다고 들었습니다."

장 선생이 말하는 분위기로 봐서는 이제 초콜릿이나 과자를 먹어선 안 될 것 같았습니다. 축구부원들은 조금 실망스러웠습니다.

 장 선생이 아이들의 기분을 눈치 챘는지 차분히 설명을 덧붙였습니다.

"그래요, 저는 운동을 할 때 초콜릿이나 과자는 먹지 못하게 해요. 왜냐하면 그것들은 먹을 때만 맛있지 금방 또 배고파지게 하고 지치게 하거든요. 운동을 할 때는 아무 도움이 되질 않는 거예요. 축구 같은 운동에만 도움이 안 되는 것이 아니랍니다. 초콜릿 같은 단 것을 많이 먹는 학생은 공부할 때 집중하는 능력이 떨어진다고 해요. 무엇보다 과자에는 여러 가지 인공 물질이 들어 있거든요. 훈련에도 공부에도 도움도 안 되는 물질들이지요."

 조용히 듣고 있던 아이들 중에 쉬는 시간만 되면 매점으로 달려가는 준태가 볼멘소리로 물었습니다.

"그럼, 뭘 먹어야 돼요?"

 그런 반응을 예상했다는 듯이 장 선생이 웃으며 되물었습니다.

"준태는 잡곡밥 좋아해요? 여러분 중에 잡곡밥 좋아하는 사람 있어요?"

 잡곡밥이라는 말에 준태의 얼굴은 창백해지기까지 했습니다. 준태는 콩도 안 먹고, 팥이 들어간 것은 달콤한 단팥죽도 먹지 않습니다.

준태는 다른 아이들은 어떤지 보려고 얼른 주위를 둘러보았습니다. 손을 든 아이가 하나도 없는 것을 확인한 준태는 안도의 한숨을 내쉬었습니다. 좋아하지도 않는 것을 억지로 먹으라고 하지는 않을 테지요?

장 선생이 준태의 마음을 읽은 것처럼 말했습니다.

"잡곡밥을 아주 싫어하면 안 먹어도 괜찮은데, 대신 끼니마다 생선이나 두부는 꼭 먹어야 해요."

준태가 생선은 먹으라는 말에 신이 났습니다.

"아싸! 참치랑 밥이랑 같이 먹으란 말이지요?"

장 선생이 고개를 끄덕였습니다.

"여러분은 근육이 어떻게 생기는지 아세요? 단백질을 먹어야 생겨요. 단백질은 생선이나 고기, 두부에 잔뜩 들어 있어요."

이번에는 노진이가 물었습니다.

"삼겹살에도요?"

노진이가 제일 좋아하는 음식은 돼지 불고기입니다.

장 선생이 대답했습니다.

"음, 그것에도 있지만 생선을 먹는 게 더 좋아요. 등 푸른 생선을 먹으면 머리도 좋아지지요. 근육을 만드는 데는 단백질이 필요하다는 것을 기억하세요. 또 무엇이 필요할까요? 여러분처럼 운동하는 친구들에게는 탄수화물과 지방도 필요해요."

준태가 장 선생의 말을 따라 해 보려다 실패했습니다.

"타, 탄수……."

장 선생이 거들어 주었습니다.

"탄수화물과 지방. 처음 듣는 사람도 있을 거예요. 우리가 매일 먹는 밥을 비롯해 빵이나 국수를 만드는 잡곡에 탄수화물이 들어 있어요. 탄수화물은 에너지를 만들어 준답니다. 지방도 그렇고요. 다 골고루 먹어야 건강한 몸을 유지할 수 있답니다. 당분간, 아니 앞으로는 군것질은 허락하지 않겠어요."

장 선생의 끝말은 단호했습니다.

축구부원들은 무척 실망한 표정을 지었습니다.

장 선생이 말을 이었습니다.

"과자 대신에, 아주 맛있는 식사를 제공할 테니까 너무 큰 걱정은 마세요."

맛있는 식사로는 실망한 아이들을 달랠 수 없는 모양입니다.

"그, 그래도……."

장 선생님이 아이들을 설득해 보겠다는 듯이 목소리에 힘을 실어 말했습니다.

"간단히 보면 음식은 모두 다 먹기 위해 만들어집니다. 하지만 '자라는 아이들에게 중요한 영양소'라는 틀 안에서 볼 때 그렇게 간단하게 생각할 수 없게 되고 맙니다. '맛'만 생각해서 점수를 매긴다면 과자는 100점 만점에 100점이겠지요? 그렇지만 '훈련에 적합한 영양소'를 고려해서 점수를 매긴다면 100점짜리는 과자가 아니라, 잡곡밥과 야채, 생선 반찬이에요. 그러니까 이제 우리는 음식에 대한 생각도 바꿔야 해요. 식습관은 훈련의 매우 많은 부분을 차지한다고 말했듯이, 먹는 것도 과학 축구의 한 부분이 되어야 해요, 알았죠? 한 끼 한 끼 먹는 것도 훈련이라고 생각해 주세요."

장 선생이 거듭 강조해 말하는 기세에 눌린 축구부원들은 애써 이해하는 척했지만 불만이 남은 게 역력한 표정들이었습니다. 지금까지 연습 시간의 하이라이트는 간식 시간이라고 생각해 왔는데, 그 즐거운 시간을 빼앗기는 듯한 기분이 들어서였습니다.

장 선생이 마치는 말을 했습니다.

"끝으로 다시 한 번 다짐을 두겠어요. 군것질은 안 됩니다. 먹는

깃을 조질하던 기노 울썩 들 서고, 순태 학생처럼 여드름 난 학생들은 여드름도 싹 없어질 거예요, 진짜예요."

김 감독이 다시 알림표 앞에 섰습니다.

"자, 다들 장 선생님 말씀 잘 알아들었지요?"

"네."

부원들의 대답에는 기운이 없었습니다. 김 감독과 장 선생이 빙긋 웃으며 부원들에게 파란 색깔의 봉투를 하나씩 나누어 주었습니다.

"부모님께 이 봉투를 보여 드리고 사인을 받아 와야 해요, 알았지요?"

봉투를 제일 먼저 받았던 노진이가 선생님들의 눈치를 살피면서 그것을 슬그머니 열어 보았습니다. 도표와 글씨가 빽빽하게 찬 종이가 담겨 있었습니다.

김 감독이 봉투를 나누어 주면서 말했습니다.

"뭘 먹으면 도움이 되는지, 어떤 것을 먹으면 안 되는지 적은 거예요. 어머니께 보여 드리면 알아서 해 주실 거예요."

노진이처럼 봉투를 열어 본 준태는 종이에 적힌 내용을 좀더 읽어 보다 끄응, 하고 신음 소리를 내뱉었습니다. 먹지 말아야 할 리

스트에 케이크와 아이스크림이 들어 있었기 때문입니다.

김 감독이 호령했습니다.

"자, 해산!"

축구부원들은 봉투 하나씩을 들고 교실을 나섰습니다.

아무래도 아이들의 어깨가 너무 축 처진 것 같은데, 괜찮을까요?

3 이제는 낭연해진 생각

"아휴, 이럴 때 과자 한 봉지만 있으면 만사 오케이인데 말이야."

우혁이가 영식이 옆에 털썩 주저앉으며 투덜거렸습니다.

영식이는 요즘 공책에 무엇을 적고 있습니다. 훈련을 하다가 잠깐 짬이 나면 다른 아이들은 모두 그늘을 찾아 앉거나 누워 시간을 보내는데, 영식이는 힘들지도 않은 것 같습니다. 오늘도 심각한 표정을 지으며 공책을 펼치는 게 우혁이의 눈에 띄었습니다.

우혁이가 물었습니다.

"야, 너 뭐해?"

"응? 기록."

건성으로 되돌아오는 대답에 우혁이는 영식이가 뭘 하는지 한층 더 궁금해졌습니다.

"뭘 기록하는데?"

"훈련 내용."

혹시 김 감독이 시킨 건데 자기만 모르고 있었나 싶어서 불안해진 우혁이가 자리를 고쳐 앉으며 영식이의 공책을 슬쩍 들여다보았습니다.

"야, 감독님이 너에게 기록하라고 그러셨냐? 그런데 감독님 말씀 중에 패, 패러, 패라…… 뭐라고 하신 말이 무슨 뜻인지 알아?"

동네 어른들에게는 '축구 도사', 친구들에게는 '똘똘이 스머프'라고 불리는 영식이가 그런 우혁이의 말을 듣고 가만있을 리 없습니다.

"어휴, 패러다임. 감독이 만날 하시는 말씀인데 이제는 좀 외워라."

영식이의 알은척에 우혁이는 조금 약이 올랐지만 다시 한 번 물었습니다.

"글쎄, 그 패리, 패리다임이 무슨 뜻이냐고?"

"패러다임이란 그리스어 '파라데이그마'에서 생겨난 말이야. 간단하게 말하면 세상을 보는 방법이라고 할 수 있지."

우혁이가 되물었습니다.

"세상을 보는 방법? 그건 눈만 뜨고 있으면 되는 거잖아!"

하지만 우혁이의 말에 영식이는 고개를 절레절레 흔들며 먼 하늘을 올려다보았습니다. 그러고는 한숨을 내쉬더니 말했습니다.

"이봐 친구, '과학 축구'라는 것도 일종의 패러다임이라고 할 수 있지."

우혁이가 또 물었습니다.

"과학 축구로 세상을 본다는 말이야?"

영식이가 대답했습니다.

"아휴, 감독이 말씀하실 때 넌 다른 데 있었냐? '그냥 놀이 정도로만 여기던 생각을 바꿔 스포츠라는 좀더 큰 의미를 담아 생각하자.' 여기서 그 생각들이 바로 패러다임인 거야."

우혁이는 영식이의 말을 알아듣지 못했지만 자꾸 면박을 주니까 그것이 싫어서 알겠다는 듯이 고개를 끄덕였습니다.

"아아, 그게 그 말이었구나."

영식이가 한마디 덧붙였습니다.

"봐, 그렇게 축구에 대한 생각, 그러니까 축구를 보는 방법이 달라지니까 우리가 군것질도 끊고 매일매일 정해진 일과에 따라 훈련을 하는 거잖아. 패러다임이란 그런 거야."

우혁이가 알아들었는지 확인하듯이 영식이는 우혁이의 얼굴을 보았습니다.

"으응."

영식이가 우혁이의 대답을 듣고 말을 이었습니다.

"그러니까 감독님의 과학 축구 패러다임은 다음과 같은 사항을 사실로 받아들였던 거야. 우리가 지금까지 축구를 못했던 이유는 연습도 많이 안 했고, 체력도 떨어져서였다. 그러므로 연습을 많이 하고 체력을 키우면 이길 거다, 이거지."

우혁이가 떨떠름한 표정을 지었습니다.

"당연한 게 아니냐?"

영식이는 우혁이가 아직도 이해하지 못하고 있다는 것을 알았습니다.

"아냐, 감독님이 오시기 전만 해도 우리가 가지고 있던 '축구의 패러다임'은 대강 시간 때우면서 놀고, 양평초등학교랑 시합하

먼 흰 골 징도민 넣고 오사었잖아. 그게 '낭연한 것'이었어. 그런데 감독님의 말씀을 듣고 축구에 대한 패러다임이 바뀌면서 열심히 훈련해서 예선 통과하는 게 당연해진 거야. 패러다임이 변했잖아."

영식이의 말을 듣던 우혁이가 고개를 갸우뚱했습니다.

"예선 통과가 당연한 건 아니잖아. 통과해 보자면서 가능성 쪽에 기대를 거는 거지."

이번에는 똘똘이 스머프 영식이도 기분 좋게 빙긋 웃었습니다.

"그래, 패러다임은 지금 상황을 설명하는 것이면서 동시에 미래를 예견하는 역할도 하거든."

우혁이가 알아듣지 못하겠다는 표정으로 물었습니다.

"에, 그건 또 뭐냐?"

영식이가 설명해 주었습니다.

"감독님의 말씀을 잘 생각해 봐. 감독님의 패러다임은 왜 우리가 축구를 못하는지 설명하기도 하지만, 어떻게 하면 축구를 잘할지도 설명해 주잖아. 그러니까 이런저런 조건을 충족하면 이길 거라고 예견해 주는 것이란 말이지."

우혁이는 그제야 이해한다는 듯한 표정을 지었습니다.

"아아, ㅗ거구나."

그렇지만 우혁이는 과학 축구야 어쨌든 영양사 정 선생이 먹지 말라고 엄하게 당부한 과자가 너무나 먹고 싶었습니다. 또 체력 훈련은 이제 그만 하고 편을 짜 신나게 시합이나 했으면 좋겠다고 생각했습니다. 공을 차며 운동장을 달리는 것은 재미있지만 그냥 운동장 열 바퀴를 도는 것은 너무 힘들었습니다. 아령 들기 같은 것도 흥미롭지 않았고요. 그것들이 축구하는 데 무슨 도움이 되는지 이해할 수 없었습니다.

4 빗나간 예상

토요일 오후. 대룡초등학교와의 친선 경기를 앞둔 태평초등학교의 축구부가 운동장에 집합했습니다.

두 달 동안의 훈련이 끝나고 축구부 아이들은 아주 놀라운 변화를 겪었습니다. 이제는 운동장 스무 바퀴 정도 뛰는 것은 아주 우스운 일이 되어 버렸습니다. 게다가 드리블과 패스도 한결 좋아졌습니다. 뭐니 뭐니 해도 달라진 것은 축구부원들의 눈빛이었습니다. 예전 같으면 운동장에 서 있기만 해도 풀 죽은 것 같던 아이들이 이 날은 매우 낭랑해 보였습니다. 키가 껑충 크고 덩치도 아주 좋아 보이는 대룡초등학교 팀조차 태평초등학교 팀과 마주하고 서자 잔뜩 굳은 표정을 지을 정도였습니다.

삑!

호루라기 소리와 함께 시합이 시작되었습니다.

홈그라운드라는 이점이 있으니까 무조건 이길 거라고 큰소리 쳤지만 대룡초등학교는 그리 만만한 상대가 아니었습니다. 수없이 많이 연습했던 드리블과 패스도 발 빠른 대룡초등학교 팀 앞에서는 생각만큼 잘되지 않았습니다.

태평초등학교 쪽 사람들은 차츰 초조해지기 시작했습니다. 영양사 장 선생은 손톱을 물어뜯기 시작했고, 김 감독은 가만히 앉아 있지 못하고 벤치 주위를 왔다 갔다 했습니다. 관람석에는 축구부 아이들의 부모들과 방과 후에 응원하러 온 아이들이 자리를 가득 메우고 있었습니다.

전반전 3분 만에 대룡초등학교의 센터포워드가 날린 슛이 골대를 스치고 빗나갔습니다. 연습할 때는 아주 쉽게 뺏었을 만한 공도 마치 공에 다리라도 달려 있는 듯 미끄러져 버렸습니다. 평소에 운동장 30바퀴를 가뿐하게 뛰어다니던 준태는 경기가 시작된

지 10분도 채 안 되었는데 숨차했습니다. 게다가 '거미 손'이라는 별명이 무색하게 공이 골대를 향해 올 때마다 허둥지둥하는 골키퍼 윤수까지. 왠지 예감이 좋지 않았습니다. 연습하던 때 보이던 그 실력들은 다 어디로 사라져 버린 것일까요?

전반전 20분이 지나자 태평초등학교 팀은 공 구경도 어려운 형편이 되고 말았습니다. 태평초등학교 아이들의 당당한 눈빛에 잔뜩 굳어 있었던 대룡초등학교 아이들은 점점 자신감이 생기는지 패스와 공격이 아주 대담해졌습니다. 철벽 수비를 펼쳐 보이겠다고 장담하던 태평초등학교의 수비진은 계속되는 공격에 점점 허물어져 갔습니다.

골!

첫 골은 대룡초등학교가 넣고 말았습니다.

운동장 가장자리에 앉아 경기를 지켜보던 준태 아버지가 자리를 박차고 일어났습니다.

"에잇, 집에 가자!"

준태 아버지처럼 일어나 버리는 학부모들이 하나 둘 늘어났습니다. 지는 경기를 보고 있는 게 속상하기도 했던 것이지요.

그때 태종이 어머니가 그런 사람들을 붙잡으며 말했습니다.

"이유, 그래도 끝끼지 뵈아지요!"

응원 깃발이며 짝짝이, 모자까지 준비해 온 태종이 어머니의 만류에도 소용이 없었습니다. 지원이 아버지는 화난다는 듯이 "그 김 감독이니 뭐니 하는 놈도 소용없었던 거야" 하고 말했습니다.

어머니들 몇 분이 지원이 아버지의 말에 고개를 끄덕였습니다. 그렇게 돈을 들이고 식단에 나와 있는 대로 음식 하나하나에 신경을 써 먹였는데……, 하는 생각을 했던 거지요.

"대룡초등학교, 골인!"

아아, 아무래도 승리의 여신은 태평초등학교의 편이 아니었나 봅니다. 급기야 태종이 어머니까지 고개를 떨어뜨렸고, 끝까지 자리를 지키려던 학부모들도 엉거주춤 일어서기 시작했습니다.

삑!

전반전이 끝났습니다.

태평초등학교 팀의 지원이와 장주는 호루라기 소리를 듣자마자 서 있던 자리에 푹 주저앉았습니다. 힘이 들었는지 두 아이의 어깨는 눈에 띌 만큼 들썩였습니다.

이제는 뒷짐을 진 채로 먼 산을 바라보고 있는 김 감독의 얼굴에는 착잡한 기색이 역력했습니다.

영식이가 손등으로 눈물을 닦아 내며 중얼거렸습니다.

"우린 아직 멀었나 봐……. 그렇게 열심히 훈련했는데"

슬퍼서가 아니었습니다. 지금까지 열심히 노력했는데 결과가 좋지 않아 분한 마음이 들었던 것입니다. 그런 영식이의 마음은 태평초등학교 축구부원 모두의 마음이기도 했습니다.

영식이가 같은 마음인 아이들을 향해 말했습니다.

"더, 더 열심히 해야 해. 마라톤을 하고 있다고 생각해야 해. 우리가 뛰어야 할 목표 지점은 40킬로 너머에 있는데, 이제 겨우 20킬로 정도 온 거야. 아직 반이나 더 남았으니 더 열심히 뛰어야 해."

영식이는 "이대로 포기하면 똘똘이 스머프가 아니지" 하고 혼잣말을 내뱉었습니다.

패러다임과 정상 과학

'패러다임'은 '사물과 현상을 이해하거나 설명하는 생각의 틀' 또는 '사물을 보는 방식'을 뜻하는 그리스어 '파라데이그마(paradeigma)' 라는 말에서 유래합니다.

언어학에서도 패러다임이라는 용어를 사용합니다. 예를 들면 〈눈이 내린다〉라는 문장에서 눈 대신 사용할 수 있는 비·우박 등 일련의 명사들은 〈~이 내린다〉라는 문장에 대한 하나의 패러다임을 이룬다고 합니다. 이 문장에 대해 자전거·자동차 등은 패러다임이 다른 명사들입니다.

그런데 쿤의 용법에 따른다면, 대체로 말해 '사물을 보는 방식, 문제의 인식과 해법에 관한 특정 시대의 과학자 집단의 공통된 이해'로 풀이할 수 있습니다. 이 개념은 1962년 토머스 쿤이 《과학혁명의 구조》에서 과학의 역사와 구조를 설명하기 위하여 도입한 뒤로 널리 사용되고 있습니다.

정리하면 어떤 과학 영역의 전문 과학자 공동체를 지배하고, 그 구

성원 사이에 공유되는 ①사물을 보는 방법 ②문제를 삼는 방법 ③문제를 푸는 방법의 총체를 패러다임이라 합니다. 쿤의 이론에 의하면 어느 시대나 사회의 과학자 공동체는 하나의 패러다임에 기초해 인식론적·사회제도적 자연 탐구를 하므로 인식론적 측면과 사회학적 측면을 동시에 지닌 개념이라 할 수 있습니다. 그리고 하나의 패러다임 지배 아래 이루어지는 과학적 활동을 '정상 과학'이라고 합니다.

쿤이 언급한 구체적 패러다임은 코페르니쿠스 패러다임, 뉴턴 패러다임, 그리고 아인슈타인 패러다임을 들 수 있습니다. 코페르니쿠스 천문학 패러다임은 자연과학 세계에서 가장 먼저 형성된 지배적 이론이었습니다. 쿤은 코페르니쿠스 패러다임에 이어 대두된 패러다임이 뉴턴 패러다임으로 보았고 그 후에 형성된 패러다임이 아인슈타인 패러다임으로 보았습니다.

쿤에 따르면 정상 과학은 다음과 같은 2가지 특징을 갖습니다.

첫째, 정상 과학은 특정의 패러다임을 공유하는 과학자들의 연구 활동이다. 정상 과학 기간에 과학자들은 이론(패러다임)을 보다 정교화하고 적용 범위를 확장시키는 작업을 진행시키는데, 이때 패러다임 자체에 대해서는 의심을 하지 않는다는 것이 중요하다. 따라서 정상 과학 기간에는 패러다임에 대한 시험은 존재하지 않는다.

둘째, 정상 과학은 퍼즐 풀이 활동과 흡사하다. 즉 주어진 문제에 대한 해답이 있는 것으로 간주해야 한다. 또한 문제를 푸는 데 대한 규칙이 존재한다고 본다. 정상 과학은 기존의 지배적 패러다임 내에서 수행되는 과학 활동으로서, 기존의 패러다임이 인정하는 규칙만을 바탕으로 문제를 만들어 내고 풀어 나가는 것이다.

2

과학 축구, 위기에 빠지다

 무엇보다도 나쁜 점은 다음에 어떤 패러다임이 등장할지 전혀 짐작할 수
없다는 것이다. 왜냐하면 우리는 이미 확립되어 있는 패러다임을
통해서만 미래를 바라보기 때문이다.

– 토머스 쿤

1 와신상담, 태평초등학교 축구부

일주일 전만 해도 이런저런 불평을 늘어놓던 우혁이가 이제는 조용해졌습니다. 오후 다섯 시만 조금 넘겨도 운동하기 싫어서 발을 질질 끌던 준태는 김 감독이 시키지도 않았는데 아령을 들고 운동장을 돌았습니다.

웬일일까요?

이틀 전에 학부모들과 선생님들이 교장선생님을 모시고 태평초등학교 축구부를 맡고 있는 심 삼복을 다른 사람으로 바꿀지 어쩔지를 의논했습니다. 시간과 돈을 들였는데도 별로 나은 결과를 내지 못했다는 것 때문에 화가 난 몇몇 선생님과 부모님들은 당장 다른 감독으로 바꿔야 한다고 소리를 높였습니다.

웅성거리는 어른들 틈에서 태종이 어머니가 설득하듯 말했습니다.

"첫술에 배부를 순 없잖아요. 그리고 저희가 봐도 우리 아이들이 많이 달라지지 않았나요? 우리 태종이만 해도 달리기가 얼마나 빨라졌는지 몰라요. 키도 그사이에 훌쩍 컸고요. 뭐, 이번 경기에서도 전에 양평초등학교 팀을 상대할 때처럼 지고 말았지만요. 하지만 후반전에 아이들이 뛰는 모습을 못 보신 분들은 모르시겠지만, 끝까지 이를 악물고 뛰는데, 정말 대견했습니다. 제가 다 뿌듯하더라고요. 전에 양평초등학교 팀을 상대했을 때는 뒷심도 없었는데, 이번에는 안 그랬다니까요. 정말, 첫술에 배부르지는 않잖아요."

조리 있는 태종이 어머니의 말에 학부모 몇 명이 고개를 끄덕였습니다. 교장 역시 잠깐 침묵을 지키다 한 걸음 나서는 듯이 말했습니다.

"제 생각도 태종이 어머니와 같습니다. 그동안 김 감독님이 아이들을 다 파악했고, 잘 지내고 있으니까, 올해 지역 예선까지는 맡기는 게 어떨까요?"

태평초등학교 축구부 아이들은 그날 어른들이 모여 무엇을 의논했는지 알고 있었습니다. 그날부터 아이들은 남다른 각오로 김 감독의 지시를 충실히 따랐습니다. 운동장 열 바퀴를 돌라면 스무 바퀴를 돌았고, 주말에는 군것질을 해도 된다고 했는데 영양사 선생님이 권한 음식만 먹었습니다.

태평초등학교 축구부 아이들은 이제 밤마다 축구공을 안고 잘 정도입니다. 영식이 말대로, '죽도록 열심히 하고, 그 다음 날은 두 배로 더 한다'는 마음가짐을 가지게 되었으니까요.

6학년 1반 교실에 모인 김 감독과 축구부원들은 바깥이 벌써 어둑어둑해졌는데도 머리를 맞대고 있었습니다. 스스로 마음의 준비를 충분히 하였으니 이제는 싸울 상대를 파악하고 대비해야 할 때가 되었던 것입니다.

김 감독이 가상 대진표를 보며 말했습니다.

"자, 이런 식으로 A조가 짜이게 되면 우리는 이 팀하고 붙는 거야. 그러면 아까 말했던 방법을 쓰는 거지."

영식이가 자신 있다는 말투로 김 감독의 말을 받았습니다.

"그러면 우리도 충분히 예선에 통과할 수 있을 것 같아요."

태종이도 영식이처럼 자신 있는 말투로 끼어들었습니다.

"응, 지금 우리가 준비해야 하는 것은 예선이 아니라 본선이야. 우승까지 가야지, 그치?"

'우승'이란 단어에 몇몇 아이들의 얼굴에는 미소가, 몇몇 아이들의 얼굴에는 긴장감이 감돌았습니다. 이길 수 있을 거라는 자신감은 최고조에 다다랐습니다. 그렇지만 예선은 아직 치러지지 않았고, 그 일만 해도 만만치 않습니다.

아이들이 각자 자기 생각을 내놓았습니다.

"강한 팀하고 붙게 되면 우선 수비를 단단하게 하고, 후반전에는 체력으로 밀어붙여야 할지 몰라요."

"강해 보이는 팀이라도 스트라이커 둘을 투 톱으로 하고 들이닥쳐서 선제골을 넣은 다음, 수비로 들어가면 될 거예요."

"양평초등학교와 붙게 된다면 스피드보다 힘이 좋은 선수를 쓰

티 톱으로 해야 할 것 같아요."

"수비 작전은 이런 것을 연습해 봤으면 좋겠어요."

여러 가지 작전이 쏟아져 나왔습니다. 나름대로 인터넷에서 정보를 모아 작전을 연구해 온 아이들도 있었고, 태종이와 경호, 그리고 준태는 영식이가 참고한 책을 빌려 보기도 했습니다.

"팀을 짜서 연습할 필요도 있어요. 공 잘 모는 팀과 태클 잘하는 팀으로 나눠서 한판 붙어 보는 거예요."

"수비도 그렇게 연습하는 것이 어떨까요? 수비 팀과 공격 팀으로 나눠서 연습하고, 그 다음에는 역할을 바꿔서 연습하고요."

김 감독은 아이들의 제안 하나하나를 듣고 찬찬히 수첩에 적었습니다.

가상 대진표를 몇 개나 뽑아서 연구했고, 예선에 나올 팀은 하나도 빠짐없이 다 조사해서 시뮬레이션을 해 보았습니다. 이제 본선에 진출할 만한 팀을 분석할 차례입니다.

퇴근하던 교장이 아이들이 떠드는 소리를 들었는지 잠깐 얼굴을 비췄습니다.

"김 감독, 이러다가 진짜 사고 한번 치시겠는걸요?"

싱글벙글 웃는 얼굴의 교장을 보자 김 감독이 의자에서 몸을 일으키며 말했습니다.

"하하, 그래 볼까요? 이 기세로 첫 우승을 따 버릴까요?"

교장이 김 감독의 말을 거들었습니다.

"우리 아이들이 몇 달 사이에 이렇게까지 발전할지 누가 알았겠습니까? 이게 다 김 감독님 덕분이지요."

김 감독이 얼굴에 미소를 띠며 말했습니다.

"아유, 뭘요. 아이들이 이렇게나 잘 따라 주고, 부모님들도 협조해 주시고, 영양사 선생님도 신경 써 주셔서 이렇게 된 거지요. 교장 선생님은 말할 것도 없고요."

교장이 호탕한 웃음을 터뜨리며 손사래를 쳤습니다.

"껄껄껄. 뭐, 전국 우승이 달린 문제인데 당연한 것 아니겠습니까?"

경기 때마다 지기만 했던 팀이 전국 우승이 문제없다며 자신감을 내보이는 게 얼토당토않아 보일 수 있겠지만, 김 감독은 그만큼 자신감에 넘쳐 있었습니다. 아이들까지 적극적으로 자신의 역할을 생각해 내고 노력을 다하고 있으니 정말 겁날 것이 없었습니다.

김 감독이 자신감 넘치는 목소리로 말했습니다.

"과학 축구의 모든 것을 동원했으니 나머지는 하늘의 뜻에 맡겨

아겠지요."

어느새 아이들은 과학 축구라는 새로운 생각을 스스럼없이 받아들이고 있었습니다. 꽤 오래전부터 그렇게 생각하고 훈련해 온 것처럼 몸에 익어 있었습니다. 이것은 마치 천 년 이상 유지해 온 낡은 패러다임이었던 아리스토텔레스의 운동 개념을 새로운 패러다임인 갈릴레이 운동 개념이 교체해 버린 것과 비슷했습니다.

이전까지의 과학 이론은 시대가 흐르면서 점진적으로 발전해 온 것이라고 했지만, 토머스 쿤은 완전히 색다른 패러다임이 이전의 이론을 한 번에 교체해 버리는 것이라고 주장했습니다. 교체 전후의 패러다임 사이에는 전혀 공통의 요소가 없다는 말이지요. 계산 도구에 비유하자면 마치 주판 패러다임에서 컴퓨터 패러다임으로 바뀌어 버린 것쯤이라고 할까요. 컴퓨터는 주판을 개선시켜서 만들 수 있는 것이 아니듯이 말이에요.

교장 역시 아이들과 마찬가지로 과학 축구를 당연하게 생각하게 되었습니다.

"하늘에 맡길 필요도 없어요. '하늘은 스스로 돕는 자를 돕는다'라고 하잖아요. 우리 애들 실력만으로도 충분해요. 거, 과학 축구, 참 마음에 든단 말이에요. 김 감독님, 천재예요, 천재."

김 감독이 교장의 칭찬에 쑥스러워했습니다.

"아유, 그렇게까지 말씀하시니 몸 둘 바를 모르겠습니다."

교장이 흡족해하며 고개를 끄덕였습니다.

"아아, 겸손하실 필요는 없어요. 우승밖에 남지 않았는데요, 뭘."

대진표와 시뮬레이션 결과를 뒤적이던 영식이가 빙긋 웃으며 엄지를 치켜세워 보였습니다.

교장 선생님 말씀대로, 우승밖에 남지 않은 듯합니다.

2 본선으로 가는 길

꿈꾸던 대로 모든 것이 이루어진다면 얼마나 좋을까요? 지역 예선 첫 경기에 3 대 1로 승리를 거두고 꿈꾸던 대로 이루어질 거라고 기대했던 태평초등학교 축구팀은 그다음 게임에서 4 대 3으로 역전당해 버리고 말았습니다.

전반전에는 3 대 0으로 펄펄 날아다니던 아이들이 후반전이 시작되자마자 반칙을 했고 선수 둘이 퇴장을 당하는 일이 벌어지기도 했습니다. 남은 아홉 명이 힘겹게 경기를 이어 갔지만, 한 골

두 골 먹히더니 마지막 세 골까지 내어주고 말았습니다. 그러자 선수들의 기세는 어느새 가라앉고 있었습니다. 그 틈을 타 상대 팀이 경기 끝나기 2분 전에 한 골을 더 넣어 버린 거지요.

1승 1패. 남은 한 경기를 꼭 이겨야만 본선에 진출할 수 있는 상황이 되었습니다.

그렇지만 돌이켜 생각해 보면 몇 달 전까지만 해도 비실비실하던 아이들이었습니다. 그런 아이들이 이제는 예선 통과를 바라보게 된 것입니다. 아이들이 기적처럼 그 꿈을 이루어 내야 할 텐데요. 그래서 살다 보면 가끔은 예상 밖의 일이 벌어지는 즐거움을 맛볼 수 있다는 것을 알게 되면 좋을 텐데요.

예선 통과 파이널 라운드는 대룡초등학교 팀과 치르게 되었습니다. 이 팀은 강하기로 소문난 팀이었습니다. 태평초등학교는 예전에 이 팀을 상대로 4 대 2로 진 적이 있었습니다.

대룡초등학교 팀과의 경기 날.

전반전은 두 팀 모두 골대 가까이 가 보지도 못하고 끝나 버렸습니다. 태평초등학교 축구팀의 수비력이 얼마나 좋아졌는지를 보여 준 셈이었습니다. 정말 한 치도 물러서지 않는 박빙의 승부가 펼쳐졌습니다.

후반전 30분이 지나도록 어느 쪽에서도 골을 넣지 못했습니다. 양 팀 선수들 모두 땀으로 흠뻑 젖은 채 숨을 가다듬으며 줄곧 뛰어다니고 있었습니다.

가늠할 수 없는 경기가 계속되자 태평초등학교 응원단은 애가 타기 시작했습니다. 이번만은 뭔가 보여 주었으면 하지만 바람으로 끝나 버릴 것 같아서였습니다. 태평초등학교 응원단이 보기에는 실력에서나 기량에서나 자기 팀이 훨씬 나아 보였지만 골을 넣지 못하고 있었습니다. 게다가 후반전에 들어서서는 체력이 떨어지는 듯해 보여 조마조마할 정도였습니다.

두 팀이 서로 뺏고 빼앗기는 격전이 계속되던 중에 시합의 끝을 알리는 호루라기 소리가 들려왔습니다. 승부차기로 결판을 내게 되었습니다.

먼저 대룡초등학교 팀에서 공을 찼습니다. 윤수가 그 공을 잘 잡아냈습니다. 태평초등학교 응원단은 벌떡 일어나 함성을 질렀습니다.

이번에는 태평초등학교 팀에서 공을 찼습니다. 너무 긴장한 탓

이었는지 준태가 걷어찬 공은 아쉽게도 골키퍼의 손끝을 맞고 빗나가 버렸습니다.

대룡초등학교 팀의 두 번째 공은 골인을 했습니다. 보고 있던 태종이 어머니는 그만 두 손으로 얼굴을 가려 버렸습니다.

태평초등학교 팀의 두 번째 공 역시 골인! 동점입니다.

대룡초등학교 팀의 세 번째 공, 실패.

태평초등학교 팀의 세 번째 공, 실패.

대룡초등학교 팀의 네 번째 공, 실패.

태평초등학교 팀의 네 번째 공. 경호가 찬 공이 골인을 했습니다!

그리고 대룡초등학교 팀에 마지막 기회가 주어졌습니다. 운동장에서나 관중석에서나 모두 숨을 죽이고 긴장된 순간을 보내고 있었습니다. 모두의 시선을 한 몸에 받은 공이 공중을 날았습니다. 태평초등학교 응원단과 축구부원들 중에는 자기도 모르는 사이에 손을 꼭 쥔 사람도 있었습니다.

공은 골을 향해 날아가고 있었습니다……

앗, 공이 골을 벗어났습니다! 태평초등학교의 사람들은 그 짧은 순간이 너무 길어 아찔한 현기증을 느낄 정도였습니다.

이제 태평초등학교 축구팀이 본선에 진출하게 되었습니다.

"여러분, 잘 싸웠습니다. 그렇지만 게임은 이제부터 시작입니다. 내일, 승리할 자신 있습니까?"

김 감독은 축구부원들의 얼굴을 하나하나 들여다보듯이 눈길을 보내며 큰 소리로 물었습니다.

아이들이 씩씩한 목소리로 대답했습니다.

"네에!"

대룡초등학교와의 시합에서 승부차기로 극적인 승부를 거두었던 선수들은 시합이 끝나자 서로를 얼싸안았던 기억이 생생합니다. 도진이와 지원이는 태평초등학교가 본선에 진출하게 되었다는 본부의 방송이 있자마자 경기장 바닥에 쓰러져 버렸습니다.

이제 본선을 치러야 합니다.

김 감독이 아이들의 힘찬 목소리에 안심하며 말했습니다.

"여러분이 지쳐 있다는 것을 잘 알고 있습니다. 부담도 될 겁니다. 그러나 오늘의 실력이라면 충분히 4강까지 갈 수 있습니다."

"네!"

하지만 영식의 목소리는 불안 때문인지 모기 소리 만했습니다. 대진표를 짜 시뮬레이션까지 수없이 해 보았지만, 실제로 경기를

해 보니 생각했던 것과 전혀 다르게 흘러갔던 것을 떠올렸기 때문입니다. 영식이는 마음을 다잡았습니다. 어떤 상식도 노력을 이겨 내지 못할 것입니다.

상식처럼 존재하던 이론을 한 번에 깨 버리는 이론을 제안한 토머스 쿤도 그랬습니다. 과학은 반드시 객관적이거나 합리적으로 진행되는 것이라는 일반적인 상식을 깨고 새로운 사실을 제시했습니다. 쿤은 실제의 과학에서는 일반적으로 받아들여져 온 그러한 생각과는 달리 과학적 집단의 권위와 과학자 개인의 주관적 신념이 많은 역할을 한다고 주장했습니다. 김 감독이 아이들의 마음에 큰 불씨를 던져 주었기 때문에 아이들이 새로운 마음가짐을 가질 수 있었고, 그것을 통해 지금의 모습을 갖출 수 있었던 것처럼 말이지요.

영식이는 예상했던 경기 내용이 실제에서 응용되지 못하고 연습했던 전술은 써 먹지도 못한 까닭이 무엇인지 궁금했습니다. 물론 다음 시합에서는 그것들을 적용해 볼 기회가 있을지도 모릅니다. 그러나 제일초등학교 팀과는 한 번도 경기를 치러 본 적이 없었습니다.

영양사 정 선생이 김 감독에게 걱정스러운 투로 말했습니다.

"아이들이 지쳐 있어요. 괜찮을까요? 우혁이하고 장주는 부상도 꽤 심해요."

김 감독이 그 정도는 걱정도 아니라는 듯이 말했습니다.

"대룡초등학교에게는 저번에 졌던 경험이 있기 때문에 더 부담돼서 힘들었던 거예요. 내일 경기를 치를 팀은 별로 강하지 않은 팀이라니까 걱정 없어요."

영양사 정 선생은 그래도 걱정스런 얼굴이었습니다.

"그래도, 좀 걱정이 되는데……."

김 감독이 괜찮다는 듯이 손을 휘적거리며 말했습니다.

"아유, 영양사님 걱정하지 마세요. 우승하면 벌일 잔치 메뉴나 준비해 두세요."

영양사 정 선생은 선수들을 훑어보았습니다. 우혁이는 허벅지를 다쳐서 절뚝거리고 있었습니다. 장주는 넘어지면서 손목을 다쳤습니다. 그리고 네댓 명은 불안해 보이는 눈빛이었습니다. 아무래도 마음이 놓이질 않는 모습들이었습니다.

그때 영영사 정 선생의 머리에 어쩌면 아이들을 너무 기계적으로 조이기만 한 것이 아닌가, 하는 생각이 스쳤습니다.

'어린아이들인데 몇 달간 하루도 빠짐없이 훈련하고, 하고 싶은

군깃질도 꾹 참고, 시산 낮춰 움식이기가 쉽지 않았을 텐데. 밤낮으로 계속되는 본선 진출의 이야기와 훈련 때마다 한두 명씩 참석해 감시하는 듯한 학부형들의 기대도 보통 부담이 되지 않을 거야. 예선 통과만 해도 기적 같은 결과인데, 본선 우승을 기대하고 있으니 저 애들한테 얼마나 부담이 될까?'

김 감독은 영양사 정 선생이 자리를 뜨자 아이들을 모아 말했습니다.

"오늘은 가서 푹 자고, 내일 아침에 잠깐 훈련하고, 점심 먹고 출발하도록 합시다. 자, 오늘은 이만 해산!"

아이들은 지친 발걸음으로 흩어졌습니다.

아무래도 우승을 확신하는 사람은 김 감독과 교장 선생님밖에 없는 듯합니다.

3 모처럼 얻은 기회를 놓치다

처참했습니다. 어떻게든 선제골을 넣으려던 태평초등학교 팀은 전반 20분쯤 제일초등학교 팀이 먼저 득점을 하자 기세가 꺾이고 말았습니다. 태평초등학교 팀은 다급해졌습니다. 수비에 실패할 때마다, 제일초등학교 팀에 공을 뺏길 때마다, 태평초등학교 축구 팀 아이들의 얼굴에는 절망의 기색이 스쳤습니다. 이겨야 하는데, 이번 게임에서 이겨 결승까지 가야 하는데 생각처럼 쉽지 않았습니다.

과학 축구라는 징상 과학도 예상치 못했던 새로운 문제가 있는 것은 아닐까요?

김 감독의 호통 소리가 들려왔습니다.

"야! 너희들, 정신 안 차려! 이렇게 지고 말 거야!"

정말 이렇게 지고 마는 걸까요?

그러나 전반전이 끝났음을 알리는 호루라기 소리가 날 때까지 아이들의 헛발질과 부정확한 패스, 힘없는 드리블은 계속되었습니다.

휴식 시간.

아이들은 김 감독의 눈길을 슬슬 피해 수돗가로, 화장실로 사라져 버렸습니다.

1 대 0이니까 이 경기에서 이기려면 두 골을 더 넣어야 합니다. 하지만 누구도 제일초등학교 팀의 철벽같은 수비를 어떻게 뚫어야 할지 방법을 내놓지 못했습니다.

아이들은 '진다는 것은 상상도 할 수 없다' 라고 큰 소리 치던 김 감독의 목소리가 귓가에 아른거려 쥐구멍에라도 숨고 싶었습니다. 오히려 대룡초등학교와의 경기 때보다도 실력이 더 떨어진 듯한 기분이 드는 까닭을 도통 알 수 없었습니다.

과학 축구는 결국 종이 호랑이였던 걸까요? 그렇게 이를 악물고 닦았던 훈련으로 얻은 실력과 자신감은 다른 팀과 시합만 하면 녹아 없어지는 그런 것이었던 걸까요?

아이들은 몹시 지쳤습니다. 져 버리면 어떡하나 하는 초조함이 지나쳐 그 자리를 피해 버리고 싶다는 생각도 들었습니다. 무엇보다 부모님들의 실망하는 눈초리를 보게 될 게 가장 두려웠습니다. 그렇게 생각에 생각을 더하다 보니 후반전에 어떻게든 이길 수 있을 거란 희망은 이제 영영 나질 않았습니다.

김 감독이 답답한 마음에 아이들을 다그쳤습니다.

"정신을 어디다 두고 있는 거야? 너희들, 이것보단 훨씬 낫잖아? 저 정도 팀이야 금방 결판 낼 수 있는데 왜 그렇게 슬슬 피하기만 해? 지고 싶어? 그런 거야?"

김 감독은 그저 노력 부족이라고 생각하는지, 아니면 심리적으로 위축이 되었으니 자신감을 가지라고 하는 말인지 모를 말을 했습니다. 아이들은 점점 더 구석으로 몰리는 기분이 들었습니다.

고개를 푹 숙인 선수들의 머리에 비관적인 생각들만 스쳐 지나갔습니다.

'지면 어떡하지? 지면 부모님이 얼마나 실망하실까? 친구들한

대 진국 우승을 힐 거라고 큰 소리 쳐 놓았는데, 예선노 셔우 통과하고 본선 첫 게임에서 졌다고 얼마나 한심하게 생각할까? 우린 정말 이 정도밖에 안 되는 걸까? 그렇게 노력해도, 그렇게 훈련해도 이것밖에 안 되는 걸까?

후반전이 시작되었습니다.

터덜터덜 경기장으로 나가는 아이들의 발걸음은 응원단의 박수 소리에도 가벼워지지 않았습니다.

경기는 다시 시작되었고, 말 그대로 젖 먹던 힘까지 다해 덤벼들었지만 세 번의 슛은 각각 골대를 맞고, 골키퍼의 손에 맞고, 그리고 제일초등학교의 수비수 머리에 맞고 튕겨 나가 버렸습니다.

후반전 40분.

제일초등학교는 태평초등학교 선수들의 허술한 수비를 틈타 득점을 하고 말았습니다.

이제 태평초등학교 축구팀의 과학 축구는 끝나 버린 걸까요?

4 김 감독과의 작별

태평초등학교 쪽의 분위기는 완전히 가라앉아 있었습니다. 선수들은 한쪽에 모여 훌쩍이고 있었고, 학부형들은 화를 내거나 발을 동동 구르거나 하는 등 결과를 받아들이기 힘들어했습니다. 김 감독은 무엇인가에 머리를 세게 얻어맞은 것처럼 아무 표정이 없이 멍하니 두 팔을 축 늘어뜨리고 있었습니다. 영양사 장 선생은 태종이 어머니의 어깨에 기대어 흐느껴 울고 있었습니다.

김 감독이 정신을 차렸는지 한마디 했습니다.

"저는 이만 물러나도록 하겠습니다……."

학부모들이 다양한 반응을 보였습니다.

"어머……."

"감독님……."

"으형……."

김 감독이 정말 미안하다는 듯이 모자를 벗어 두 손으로 쥐고 고개를 숙였습니다.

"아무래도 제 능력으로는 안 되나 봅니다. 그동안 못난 저를 믿어 주셔서 감사합니다. 그리고 너희에게는……."

김 감독은 목이 메인지 잠시 말을 끊었다가 계속했습니다.

"너희에게도 고맙다. 그리고 미안하다. 너희들의 가능성을 알면서도 내 능력으로는 그것을 살려 줄 방도가 없구나."

김 감독을 제일 따랐던 경호와 우혁이가 울음을 참지 못하고 달려와 김 감독에게 안겼습니다.

"감독니임!"

한쪽 벽을 등지고 있던 영식이와 도진이의 어깨도 들썩거렸습니다. 유강이, 노진이, 윤수, 지원이가 눈물을 손등으로 훔치며 다가왔습니다. 김 감독도 아이들의 흐느낌에 그만 동화되어 조용히 눈물을 흘렸습니다.

　참 열심히도 같은 길을 뛰어왔는데, 이제는 그만 갈라서야 할 시간인가 봅니다.

　아이들이 김 감독에게 매달렸습니다.

"감독님 가지 마세요……."

　태평초등학교 축구부 재발견의 심벌과도 같았던 김 감독이 그만두고 물러서겠다고 하자, 불만을 표시했던 준태 아버지도 할 말을 잃었습니다.

"거, 김 감독……."

　섭섭한 마음을 말로 표현하려던 준태 아버지는 김 감독을 붙잡는 손짓만 몇 번 할 뿐이었습니다. 그러고는 가슴 깊이 허전해지는 기분이 드는지 입맛을 다셨습니다.

　함께 응원을 왔던 교장이 손을 내밀어 김 감독과 악수를 나누었습니다.

"거, 참, 우리 팀 우승하는 것을 보고 퇴직하고 싶었는데 이렇게 되었군요. 그래도 열심히 해 주셔서 감사합니다. 오늘이 있기까지는 김 감독님 아니면 불가능했을 겁니다."

　김 감독이 교장의 손을 붙잡고 고개를 들지 못했습니다.

"감사합니다 ……."

교장이 작별 인사를 건넸습니다.

"어딜 가시더라도 행운이 함께하기를 바랍니다."

김 감독 역시 작별 인사를 건넸습니다.

"교장 선생님도요."

그때 제일 막내인 원우가 바닥에 털썩 주저앉아 통곡하듯 울기 시작했습니다.

"와아아앙!"

원우의 누나 혜은이가 달래려 했지만 막무가내였습니다.

"우승도 못했는데 가시면 어떡해요, 와아아아앙!"

처음으로 기회를 얻은 본선 진출 경기는 그렇게 끝났습니다.

시무룩해진 부모님들에 이끌려 아이들은 태평리로 돌아왔습니다. 그리고 김 감독과 영양사 장 선생은 학교를 떠났습니다.

정상 과학의 위기에 따른 패러다임의 교체

기존의 과학이 여러 가지 문제를 해결하기에 모자람이 없는 동안에는 그것을 '정상 과학'이라는 이름의 진리 체계로 여기며, 정상 과학을 이루는 공통의 규칙을 비롯한 사고의 틀 전체를 패러다임이라 부릅니다. 그런데 언제나 그랬듯이 정상 과학의 수정·보완으로는 해결할 수 없는 새로운 문제가 발생합니다. 예컨대 천동설로는 설명할 수 없는 지구의 공전 현상은 천동설을 개선해서 해결되는 것이 아니고, 천동설을 버리고 그와 전혀 다른 체계인 지동설을 받아들여야 하지요. 이처럼 심각한 문제에 이른 상태를 '정상 과학의 위기'라고 합니다. 정상 과학에서 위기가 발견되면 이를 극복하기 위한 새로운 패러다임이 생겨나며, 다시 새로운 정상 과학이 시작되기까지의 활동을 이상 과학이라고 합니다.

기존의 패러다임으로 해결할 수 없는 변칙적 문제를 만난 위기의 정상 과학은 과학 혁명의 국면으로 접어듭니다. 변칙의 출현은 혁명의 전조입니다. 물론 한두 개의 변칙이 출현한다고 항상 패러다임이 폐

기된다고 생각해서는 안 되는데, 패러다임은 이론 및 가정 일부를 변경하여 보존될 수 있기 때문입니다. 그러나 어떤 변칙들이 과학의 기본 틀까지 변경하는 것을 요구하면, 그때 과학은 위기가 고조되고 새로운 패러다임이 등장하여 신구 패러다임이 경쟁하는 혁명 단계에 진입하는 것입니다.

  주의할 것은, 과거의 패러다임을 과감히 버리고 새로운 패러다임으로 교체하는 과학자들은 그것이 더 완벽하거나 합리적이어서가 아니라 새 패러다임의 미적 단순함 또는 아름다움과 같은 과학 외적 요인에 끌렸기 때문인 경우가 많다는 사실입니다. 쿤에 의하면 패러다임 교체가 점진적이고 논리적인 선택이 아니며 오히려 종교적 '개종'과 유사합니다. 따라서 과학 혁명 시기에는 철학적, 제도적, 사상적 요소들이 이론의 선택에 중요한 역할을 합니다. 이러한 해석 때문에 쿤은 과학의 합리성을 무시한 상대주의자로 비판받기도 했습니다.

패러다임 사이의 통약 불가능성

　토머스 쿤의 주장에서 가장 많은 논쟁을 불러일으켰던 쟁점은 두 패러다임의 비교와 관련된 부분입니다. 쿤은 아리스토텔레스 패러다임과 뉴턴 패러다임 사이에, 혹은 뉴턴 역학과 아인슈타인의 상대성이론 사이에 '통약 불가능성'이 있다고 주장합니다. 여기서 통약 불가능성이란 쉽게 말하면 두 패러다임이 같은 잣대로는 비교될 수 없다는 뜻입니다.

　쉬운 예를 하나 들어봅시다. 병을 고치는 치료법에는 크게 두 가지가 있습니다. 드러난 증상을 직접 치료하는 대증 요법과 그 원인을 없애거나 개선하는 원인 요법. 실제로 공존하고 있는 이 두 치료 패러다임은 같은 잣대로는 우열을 가릴 수가 없습니다.

　쿤의 주장은, 근대에 들어서 뉴턴의 과학 패러다임이 등장하며 아리스토텔레스의 과학 패러다임은 사라지고 공존하지 않았지만, 두 과학 패러다임 역시 같은 잣대로는 비교할 수 없다는 것입니다. 다시 말해 뉴턴 패러다임이 '상대적으로' 우수해서 아리스토텔레스의 체

계가 사라진 것이 아니고, 다만 아리스토텔레스 체계로는 해결할 수 없는 위기를 뉴턴 체계가 성공적으로 해결했던 것입니다. 따라서 패러다임 간에는 합리적인 의사소통이 실질적으로 불가능하다는 주장입니다.

그러한 근거에서 쿤은 과학의 발전이 완벽한 진리를 향해서 한 발자국씩 접근한다는 전통적인 과학의 진보 개념을 부정하는 것이지요. 그래서 쿤의 철학에는, 자연과학이 '자연에 존재하는' 절대 진리를 발견한다는 소박한 생각을 부정하는 상대주의적 요소도 있는 것입니다. 무엇보다 과학자들의 연구를 결정하는 패러다임은 과학자 공동체에서 만들어낸 것이지, 자연에 실재하는 것이 아니라고 보기 때문입니다.

쿤의 저서 ≪과학혁명의 구조≫는 그런 과학 역사의 발전 과정을 일목요연하게 조망하고 있는 책입니다.

3

마음 다스리기라는 새로운 패러다임을 찾다

 모든 획기적인 발전은 기존의 사고방식을 깨뜨림으로써 생겨났다.

– 토머스 쿤

1 새로 온 감독의 비밀스런 훈련법

본선 경기가 끝난 지 일주일 정도 지났을 때 새로운 교장이 부임했습니다. 그날은 월요일이었습니다.

"여러분, 이렇게 만나게 되어 반갑습니다. 이훈장이라고 합니다. 회초리를 든 서당 훈장을 떠올리실 테지요. 하지만 저는 회초리를 아주 싫어한답니다. 저희 아버님이 훈장이셨는데, 제가 좀 많이 맞았거든요. 허허허."

새로 온 교장은 자기소개를 꽤 재미있게 했습니다. 그래서인지 교장 하면 으레 힐아버지가 떠오르기 마련인데, 새로 온 교장은 청바지가 어울릴 것 같다는 생각이 들 정도였습니다.

운동회 준비로 5, 6학년들이 모두 모여 있던 4교시 때였습니다. 새로 온 교장이 마이크를 잡았습니다.

"참, 제가 이곳에 오기 전에 축구부 이야기를 많이 들었습니다. 멀리서 봐도 딱 눈에 띈다고 하던데, 정말 그렇군요. 연습할 때 저도 끼워 주실 거죠?"

아이들이 와아, 하고 웃음을 터뜨렸습니다. 그렇지만 축구부원들은 웃지 않았습니다. 축구부 아이들은 김 감독과 영양사 정 선생이 떠난 후로 잘 웃지 않았습니다.

이훈장 교장이 말을 이었습니다.

"감독님 자리가 비었다고 해서 다른 분을 알아보았습니다. 이번 주 토요일 정도면 만나보실 수 있을 겁니다. 새 감독님이 오시면 저도 끼워 주실 거죠?"

영식이가 이제는 너덜너덜해진 까만 수첩을 꺼내어 책상 위에 펼쳤습니다. 지금까지 했던 훈련 방법, 김 감독이 했던 말들을 영식이 나름대로 정리해 놓았던 수첩입니다. 김 감독이 첫인사에서

했던 말이 적힌 페이지를 펼치고 손가락으로 더듬어 보았습니다. 김 감독이 설명해 주었던 패러다임을 잊지 않으려고요.

　김 감독이 영식이에게 말했습니다.

"패러다임은 모델이야. 생각하는 방식이지. 생각의 틀, 세상을 바라보는 시각이라고 하면 이해하기가 쉽겠구나."

　영식이가 알아듣는다는 대답을 했습니다.

"네, 감독님께서 자주 하시는 말씀이시잖아요, 패러다임. 이젠 저희들도 알아요."

　김 감독이 영식이의 머리를 쓰다듬어 주었습니다.

"그래. 그럼 좀 더 재미있는 얘기를 해 줄까? 그건 심리적 선글라스와 비슷해. 새카만 선글라스를 쓰면 낮에도 밤처럼 보이겠지?"

　영식이가 호기심 어린 눈으로 대답했습니다.

"네, 빨간색 선글라스를 쓰면 불붙은 것처럼 보여요."

　선글라스에는 또 무슨 뜻이 담겨 있을까요? 지기만 하는 '주먹구구식 축구'에서 체계적인 '과학 축구'로 바꾸면 모든 것이 달라질 거라고 믿었더니, 패러다임이 바뀐 세상은 진짜로 달라 보였습니다. 누구와 붙어도 이길 수 있을 것 같았거든요. 그런데 그 패러다임 역시 선글라스였던 걸까요? 과학 쿠구라는 선글라스도 유효 기간이 있었던 걸까요?

"생각을 바꾸면 세상이 바뀌지. 자성 예언이라는 말이 있어. '나는 쓸모없는 인간이다'라고 반복하여 생각하다 보면 진짜 아무것도 할 수 없게 되어 버리고, '나는 유능한 사람이다'라고 반복해서 생각하다 보면 진짜 유능해진다는 거야. 바보 온달과 평강 공주 이야길 알지? 그것도 마찬가지야. 평강 공주는 '나는 온달 장군에게 시집 갈 거야'라고 떼를 쓰더니 결국 온달 장군의 아내가 되었다지 않니?"

바보 온달 이야기를 하면서 김 감독은 슬쩍 웃었지만, 영식이는 알아듣겠다는 듯이 연신 고개를 끄덕였습니다.

"부정적인 생각은 사람을 나쁜 쪽으로 변화시키고, 긍정적인 생각은 사람을 좋은 쪽으로 변화시키지. 그러니까 우리도 생각을 바꾸어 보는 거야. 생각을 긍정적으로 바꾸면 세상이 달라 보일 거고, 결국 원하는 것을 얻게 될 거야."

그러나 현실은 난감할 지경입니다. 김 감독은 축구부원들에게 그렇게 말했고 믿음을 주었으며 아이들은 그 말에 잘 따랐는데 말입니다. 김 감독이나 아이들이나 이긴다는 긍정적인 생각을 잊은 적이 없었는데 말입니다.

새로운 패러다임이었던 '과학 축구'는 태평초등학교 축구부의 문제를 모두 해결하지는 못했던 것일까요?

문득 영식이는 영양사 정 선생의 말을 떠올렸습니다.

하루는 영양사 선생님이 영식이에게 김 감독의 패러다임에 대해 다른 식의 설명을 했습니다.

"영식아, 패러다임은 양날을 가진 칼과 같아. 내 요리 칼 본 적 있지?"

"네."

영양사 정 선생이 말을 이었습니다.

"예를 들어 재료를 다지는 방법을 배웠다고 생각해 보자. 다진 양념 만드는 것이면 아주 유효한 패러다임이지만, 그 방법으로는 회를 먹지 못해! 얇게 포를 떠야 하는데 싹 다져 버릴 테니까 말이야. 한 가지 방식으로만 세상을 보고 이해하는 건 패러다임의 함정이란다. 그 방법으로는 칼만 잡으면 무조건 다지려고 할 테니까 다른 것은 생각도 못하게 돼."

'과학 축구'는 태평초등학교 축구부의 문제를 모두 해결할 수 있는 유일한 방법이라고 생각했습니다. 그래서 김 감독의 방법대로 하루도 빼지 않고 근력 운동과 심폐기능 강화 운동에 참여했고, 몸에 좋다는 음식만 골라 먹었습니다. 생각하는 것과 행동하는 것, 아침에 눈을 뜬 순간부터 저녁에 지친 몸을 이끌고 잠자리에 들 때까지 '과학 축구' 외에는 아무 생각도 하지 않았습니다. 그런데 과학 축구는 실패했고 김 감독도 물러났습니다.

그렇다면 이젠 태평초등학교 축구부가 우승할 수 있도록 하는 다른 패러다임을 찾아야 할까요?

토요일이 되자 교장 같지 않은 교장에 이어 감독 같지 않은 감독이 왔습니다. 물론 감독이라면 김 감독밖에 모르는 태평초등학교 축구팀이긴 하지만요.

김 감독이 떠난 이후로 썰렁해진 체육실에서 아이들과 새로 온 감독이 마주하고 앉았습니다. 스무 쌍의 눈이 턱수염을 길게 기르고 하얀 도포를 걸친 새로 온 감독에게 모아졌습니다.

새로 온 감독이 미소 띤 얼굴로 말을 꺼냈습니다.

"여러분, 그렇게 쳐다보니까 무섭잖아요."

선수 생활을 하다가 지리산 절로 들어가 명상 수련을 했다는 새로 온 감독은 '징 도사'라고 불러 달라고 했습니다.

"저는 징 도사입니다. 수염도 있고, 옷도 이렇게 입으니까 도사 같지 않나요?"

아이들이 아무도 맞장구를 치지 않았습니다. 그러자 징 도사는 몇 번 헛기침을 하고 그만 자기소개를 그쳐 버렸습니다.

"안 되겠는데. 자, 이제부터 여러분이 각자 자기소개를 하는 거다. 저어기 제일 무섭게 생긴 씨름 선수부터!"

징 도사가 가리킨 아이는 준태였습니다. 씨름 선수라는 말에 어리둥절해서 이리저리 둘러보던 준태는 아무래도 자기를 가리키는 듯한 눈치에 어정쩡하게 일어섰습니다.

"어, 제 포지션은……."

준태가 말을 제대로 끝내기도 전에 징 도사가 눈을 반짝이며 말을 잘라 버렸습니다.

"어이, 그건 관심 없고. 이름하고 좋아하는 것을 말해요."

준태가 머뭇거리며 말을 이었습니다.

"에, 저, 저는 준태라고 하고요, 좋아하는 것은……."

징 도사가 힘주어 끝말을 따라 했습니다.

"좋아하는 것은?"

준태의 대답은 쉽게 나오지 않았습니다.

"좋아……하는 것은……."

그때 정 도사가 부드럽게 물었습니다.

"수영 좋아하나?"

준태의 얼굴이 확 피어났습니다.

"아, 네. 수영 정말 좋아해요."

정 도사가 또 물었습니다.

"땅따먹기는?"

준태가 웃으며 대답했습니다.

"그것도 좋아해요."

정 도사가 또 물었습니다.

"너, 싸움도 잘하지?"

이제 긴장 따위는 다 잊어버린 준태가 신나게 말을 늘어놓았습니다.

"네, 저희 아버지가 옛날에 태권도 하셨거든요. 그래서 저도 태권도 무지하게 잘해요."

정 도사가 빙긋이 웃으며 장주를 가리켰습니다.

"너는?"

징주가 자리에서 일어났습니다.

"저는 장주라고 하고요, 저도 수영 좋아하고 야구도 좋아해요. 산수는 무지하게 싫어해요. 과학은 재밌어요."

준태가 대답한 것을 보아서 그런지 장주는 별 막힘없이 대답했습니다.

이번에는 정 도사가 도진이를 가리켰습니다.

"너는?"

도진이가 앉은 채로 대답했습니다.

"저는 도진이라고 하고요, 모형 비행기 만들기를 좋아해요."

도진이, 유강이, 원우, 진한이, 우혁이……, 모두 오랜 시간을 같이 뛰었으면서도 서로에 대해서 잘 몰랐나 봅니다. 축구부원들은 한 사람 한 사람씩 자기소개 하는 것을 들으면서 새로 알게 된 정보에 감탄하기도 하고, 웃음을 터뜨리기도 하고, 비슷한 취미의 친구를 새로 발견하게 되었다며 즐거워했습니다.

토요일 오후, 자상했지만 조금 엄한 편이었던 김 감독과 전혀 다른 정 도사와의 훈련이 그렇게 시작되었습니다.

"쟤들 훈련을 하기는 하는 거예요?"

"그러게요. 이번에 오신 감독님은 훈련을 전혀 안 시키는 것 같아요."

어머니들의 수군거림을 듣고 있던 태종이 어머니가 슬쩍 끼어들었습니다.

"에이, 생각하시는 게 따로 있겠죠."

하지만 수군거리던 어머니들은 의심쩍어하는 눈빛을 거두지 않았습니다.

"글쎄요, 어제는 하루 종일 물놀이 하고 놀았다던데……."

정말이었습니다.

감독이 새로 오고 나서 지난 일주일 내내 태평초등학교 축구팀은 제대로 된 훈련 한번을 한 적이 없었습니다. 어제는 수업이 끝난 후 태평리 수영장에 몰려가서 놀았습니다. 아이들은 말로만 들었던 '수구'에 푹 빠져서 저녁 시간이 되도록 집에 돌아갈 생각을 하지 않았습니다. 이틀 전 수요일에는 발야구를 저녁 여덟 시까지 했습니다.

교장 선생님은 걱정 안 하셨을까요?

"정 도사님이 도사님이지, 전 도사가 아니니까요. 잘 알아서 하시겠죠."

교장의 대답은 그게 다였습니다.

태평초등학교 축구부는 수업이 끝나고 나서 체육실에 모이면 명상이라는 그때까지 듣도 보도 못한 것을 30분 정도 했고, 그 다음에는 수구나 발야구 외에도 '축구공으로 땅 따먹기' 같은 희한한 게임을 하면서 '놀다가' 해산했습니다.

하루는 경호 어머니가 아무래도 걱정이 되었는지 체육실을 찾았습니다. 태종이 어머니와 지원이 어머니도 슬그머니 함께했습니다.

어머니들이 유리창 너머로 본 체육실 풍경은 좀 색달랐습니다. 스물한 명의 축구부원들이 널찍이 둘러앉아 눈을 감고 있었고, 정 도사는 예의 그 도포 자락을 늘어뜨리고 뭐라고 말하고 있었습니다.

경호 어머니는 정 도사가 하는 말을 잘 들어 보려고 문에 귀를 바짝 갖다 대었습니다.

한 문장씩 차분하게 말하는 정 도사의 목소리가 들렸습니다.

"복잡하게 생각하지 말고 그냥 머릿속으로 떠올리면 돼. 우혁이가 물살을 가르고 달려가서 공을 원우에게 넘긴다. 원우는 저쪽에서 다가오는 지원이를 따돌리고 경호에게 공을 찬다. 물은 시원하고, 햇볕은 따뜻하다. 자, 이제는 섬섬 불이 빠지기 시작한다. 수영장의 물이 어깨에서 가슴으로, 허리로, 다리께로 내려가고 달리기가 한결 가뿐해진다. 발밑에는 모래가 느껴진다. 해변이다. 햇볕은 여전히 따뜻하다. 저쪽에서 장주가 손을 흔든다. 발목에 찰랑이는 물을 걷어차서 물을 뿌려 주고 싶은데 발이 무겁다……."

정 도사의 조용한 목소리를 엿듣다가 경호 어머니는 그만 눈을 감아 버렸습니다. 마치 발끝에서 물살이 느껴지는 것 같았나 봅니다.

정 도사의 말이 계속되었습니다.

"아, 발목에 발야구 공이 묶여 있구나. 슬쩍 차 보지만 고무줄로 묶여 있어서 다시 제자리로 돌아온다……."

지원이 어머니가 경호 어머니의 어깨를 잡았습니다.

"경호 어머님!"

경호 어머니가 화들짝 놀라며 눈을 떴습니다.

"네? 아, 네."

지원이 어머니가 물었습니다.

"뭐하는 거예요?"

경호 어머니가 얼굴을 붉히며 대답했습니다.

"모, 모르겠어요."

경호 어머니는 잠깐이었지만 기분 좋은 꿈을 꾼 듯한 기분이 들었습니다. 한여름에 아이들과 해변에서 물놀이라도 한 느낌이 쉽게 가시지 않았습니다.

지원이 어머니가 혼잣말을 하듯 말했습니다.

"훈련하는 것 같지도 않고……. 오늘 오후에 뭘 할 거냐고 물어봤더니 계주 달리기 할 거라네요. 저래도 되는 건지 몰라."

지원이 어머니의 말을 들은 경호 어머니는 말없이 고개를 끄덕였습니다. 걱정이 되는 것은 마찬가지였지만 어쩐지 방해하면 안 될 것 같아서였습니다.

2 몸과 마음이 하나 되는 훈련

"내일 경기는 친선 경기일 뿐인데, 애들이 너무 긴장한 것 같아요."

교장이 정 도사에게 슬쩍 말을 건넸습니다. 교장도 겉으로 내색하지 않았지만 내심 불안해하는 눈치였습니다.

정 도사가 풍성한 턱수염을 쓰다듬으며 빙긋이 웃음을 지었습니다.

"그러게요. 하도 군기가 들어서, 군기 빼는 데만 보름이 걸렸어요."

교장이 물었습니다.

"그런데 정 도사님, 제가 뭘 모르니까 궁금해서 그러는데요, 훈련 안 해도 되는 건가요? 전에는 심폐기능 강화 훈련도 하고 근력 훈련도 하고 그랬다던데요."

정 도사가 아무렇지 않게 대꾸했습니다.

"아, 그 '과학 축구' 말인가요?"

교장이 정 도사의 얼굴을 들여다보며 다시 한 번 물었습니다.

"네, 식단까지 조절하면서 운동했다고 하던데요?"

정 도사가 이번에도 별스럽지 않게 대꾸했습니다.

"김 감독의 훈련 방법이 틀렸다고는 할 수 없지만, 그 방법은 제대로 틀을 갖춘 프로 선수들한테 효과 있을 법하더군요. 아무래도 아이들한테 힘든 훈련 방법이라는 생각이에요. 그리고 원래 기운 좋은 아이들이던데요, 뭘. 저번에 계주 할 때 보셨어요? 한 시간을 줄곧 뛰어도 피곤하단 말 한 번 안 하잖아요. 훈련이라고 하고 뛰게 하면 세 배로 힘들어하거든요."

교장이 살짝 고개를 끄덕였습니다.

"아, 그런가요?"

정 도사가 말을 이었습니다.

"심폐기능 훈련이 따로 있나요. 오래 신나게 뛸 줄 알면 되는 기죠. 근력 훈련은 지금 부상 당한 애들이 있으니까 물에서 하는 거고요. 좀 나아졌다 싶으면 저어기 뒷산에 올라가서 방공호 짓기 놀이 하면 되는 거죠."

교장이 놀란 눈을 하고 되물었습니다.

"방공호 짓기요?"

정 도사가 아무렇지 않은 얼굴로 대답했습니다.

"아령 들었다 놓았다 하라면 안 해도, 저 뒷산에 방공호 짓자 그러면 벽돌 몇백 개도 들어 나를 애들인데요. 삽질부터 시작해서 벽돌 쌓기까지. 뭐, 그것보다 나은 근력 훈련이 어디 있겠어요? 근력 훈련이라고 해 보라 하면 기껏 한 시간인데, 놀면서 하면 몇 시간도 재밌게 하잖아요."

교장이 크게 고개를 끄덕였습니다.

"아하, 그렇군요! 거 참 새로운 훈련 방법이네요!"

정 도사가 도포 자락 끝을 손으로 훑으며 말했습니다.

"김 감독도 참 훌륭한데, 아이들에게 어른들 훈련 방법을 들이미니까 애들이 부담돼서 오히려 부진한 결과를 냈더군요. 축구는 어디까지나 놀이인 것을……."

교장이 장단을 맞췄습니다.

"호오, 그런가요? 이전에는 '축구는 놀이가 아니다, 과학이다' 라는 것에 중점을 두었거든요."

정 도사가 교장의 말을 듣고 잠시 뜸을 들이더니 이어 말했습니다.

"물론 과학이라고도 생각할 수 있지만, 애들은 애들이에요. 몸만 단련해서 되는 게 아니잖아요. 평소에는 공부도 안 하는 애들이 시험 전날에는 벼락치기로 밤샘까지 하잖아요. 또 몸무게 50킬로 그램도 안 되는 아주머니가 차에 깔려 있는 아이를 살리려고 승용 차를 번쩍 들기도 하고요. 그게 다 마음이 몸을 조절하기 때문이 랍니다. 공 한번 찰 때도 저 아이들은 꽤나 망설였을 거예요. '이 게 제대로 차는 걸까, 실패하지는 않을까, 공을 뺏기면 어떻게 하 지' 하는 두려움에 마구 흔들렸을 겁니다. 그런데 놀이 삼아 발야 구 할 때에는 얼마나 정확하게 공을 차는지 몰라요. 무서울 정도 라니까요. 그때는 두려움도 없고 부담도 없고 이래저래 계산할 필 요도 없으니까 재미있게 연습한 것이 몸에 배는 것이지요."

교장이 아, 하는 탄성을 내뱉었습니다.

정 도사가 좀더 말을 이었습니다.

"명상으로 배우는 것도 많지요. 저 아이들, 체력 훈련만 너무 많이 힌 까닭에 몸이랑 마음이 따로 놀아요. 넉넉싸니 자농자를 사면 뭐해요? 운전에 주눅이 들면 계속 시동을 꺼 먹는걸. 축구를 너무 심각하게 생각하니까 몸이 말을 안 듣잖아요. 다시 시작해야 했어요. 공차고 놀 때의 그 순수한 즐거움을 각자의 머릿속에 떠올릴 수 있게 하고 그것이 바로 몸의 움직임으로 옮겨지도록 하는 능력을 키우는 연습 말이에요."

교장이 그동안의 일들에 대해 이제야 이해한다는 듯이 말했습니다.

"그렇군요. 마음으로 할 수 있으면 몸으로도 할 수 있다, 그런 건가요?"

정 도사가 대답했습니다.

"음, 꼭 그런 건 아니죠. 몸으로 할 수 있으려면 당연히 훈련을 해야죠. 머릿속으로 생각만 한다고 해서 되는 건 아니지요. 그렇지만 기초 체력이 어느 정도 다져진 상태에서는 몸과 마음을 하나로 일치시키는 일이 매우 중요해요. 그렇게 되면 몇 배나 큰 효과를 볼 수 있거든요."

교장이 안심했다는 듯이 말했습니다.

"태평초등학교 축구부의 패러다임에 전환이 일어난 것이로군요? 허허."

정 도사가 교장의 웃음을 따라 웃으며 말했습니다.

"네, 허허허, 그런 건가요? 아, 저기 아이들이 오네요. 내일 친선 경기, 기대하셔도 좋을 겁니다."

아이들 앞에서는 웬만해서 그런 말을 하지 않는 정 도사가 웬일 인지 교장에게는 자신감을 내보였습니다. 교장은 정 도사의 어깨 를 툭툭 두들겨 주고는 아이들이 도착하기 전에 자리를 떴습니다.

교장 선생님은 돈이나 응원단도 아닌, 마음을 지원하기로 했습 니다. 정 도사를 믿고, 웃고 떠드는 아이들을 믿기로 한 것이죠. 과연 그것으로도 효과가 있을까요?

3 틀린 패러다임은 없다, 다만 다를 뿐

　오늘은 '죽음의 장애물 코스'라고 이름 붙인 드리블 시합과 '헤딩 200번 연속하며 장애물 코스 통과하기' 시합이 있는 날입니다. 공을 내리치던 도진이가 걱정되는 표정으로 경태에게 물었습니다.

"야, 그런데 우리 훈련 좀 해야 하는 것 아니냐?"

　경태는 어깨를 으쓱할 뿐이었습니다.

　도진이가 혼잣말을 하듯 말했습니다.

"우리 그냥 이렇게 놀아도 되는 거야? 어제는 서커스 놀이만 했잖아."

이때 정 도사가 한쪽 손을 들고 소리쳤습니다.

"자아, 모두 출발선에서 준비!"

한 팀은 태평초등학교 축구팀 아이들이고, 다른 한 팀은 선생님들입니다. 각 팀에서 한 명씩 나와 깃대가 잔뜩 세워진 장애물 코스를 드리블하여 통과하는 시합이 벌어졌습니다.

"준비…… 땅!"

정 도사의 신호에 축구팀과 선생님 팀의 선발 주자가 각각 출발했습니다.

정 도사가 사기를 북돋우는 한마디를 했습니다.

"이기면 상이 뭔지 아시죠? 시루떡입니다, 정 도사표 시루떡!"

그러자 아이들과 선생님들이 자기 편을 향해 와아, 하고 함성을 질렀습니다.

영양사 정 선생에 의해 군것질이 금지되었던 시절도 아니건만, 아이들은 여전히 과자를 먹지 않았습니다. 간식으로 가끔씩 정 도사표 시루떡을 먹었는데, 너무 맛있어서 '둘이 먹다가 하나 죽어도 모른다'고 할 정도였습니다.

영식이가 신나게 응원하는 아이들 사이를 뚫고 정 도사에게로 다가갔습니다.

"영식이, 떡 하나 줄까?"

영식이는 정 도사에게 떡을 하나 받아서 날름 한 입 베어 물고 우물거렸습니다. 사실은 정 도사에게 물어볼 것이 있던 참입니다. 질문하기 전에 우선 생각을 정리해 볼 셈으로 시루떡부터 먼저 먹고 보자는 생각이었습니다.

"저기요, 정 도사님."

"응?"

영식이가 질문을 꺼냈습니다.

"정 도사님의 패러다임은 뭐예요?"

정 도사가 눈을 가늘게 뜨며 되물었습니다.

"내 패러……, 뭐?"

"패러다임이요."

정 도사가 영식을 다시 한 번 쳐다보며 웃었습니다.

"호오, 그런 단어도 알아? 역시 똘똘이 스머프라 다르구나?"

영식이는 이럴 때 똘똘이 스머프라고 불리면 별로 좋아하지 않습니다. 그래서 얼굴을 찡그렸는데, 정 도사가 너털웃음을 터뜨리며 영식이의 머리를 쓰다듬었습니다.

"칭찬이야 칭찬. 그런데 네가 토머스 쿤을 어떻게 알아? 그가 낸 책도 읽어 봤니? 기특한데? 축구도 하고, 철학 책도 읽고."

영식이가 대답했습니다.

"사실 패러다임이란 말은 김 감독님이 자주 하신 말이에요. 그분한테 듣고 처음 알게 됐고, 그 이야기가 재미있어서 인터넷에서 찾아 본 거지요. 근데요, 정 도사님, 저 여쭤어 볼 것이 있어요."

"내 패러다임이 뭔지?"

영식이가 질문을 계속했습니다.

"네, 그리고 또 있어요. 김 감독님의 패러다임은 과학 축구였거든요. 우리는 김 감독님을 믿고 과학 축구에 충실했어요. 그런데 결과적으로 실패하고 말았고, 감독은 떠나셔야 했어요. 왜 그렇게 된 건지 아무리 생각해도 모르겠어요."

정 도사가 껄껄 웃으며 말했습니다.

"허허, 우리 영식이는 생각하는 것이 참 많구나. 역시 다른데? 토머스 쿤은 정상 과학에서 패러다임의 기본 이론에서 벗어나게 된 경우에는, 그 이론이 아닌 과학자의 능력을 의심해야 하는 것이 일반적이라고 했단다. 이것을 과학 축구에 비춰 설명해 본다

넌······. 음, 네 말대로 과악 죽구를 성상 과학이라고 보고 김 감독을 과학자라고 본다면 말이다······."

"본다면요?"

"그 과학 축구가 예상 외로 경기에서 계속 지게 되자, 과학 축구를 지휘한 김 감독은 능력을 의심받았고, 그래서 김 감독이 떠나셨다는 거지."

영식이에게 열심히 설명하시던 정 도사가 갑작스레 호루라기를 불었습니다.

"삑! 태종이 승리!"

눈으로는 시합을 보고, 입으로는 영식이와 말씀을 나누셨나 봅니다.

영식이가 고개를 돌려 보니 최종 우승자는 태종이입니다.

"자, 이렇게 해서 태종이가 드리블의 황제로 등극했습니다!"

정 도사가 시루떡을 챙겼습니다.

"태종이, 여기 와서 시루떡 받아 가세요!"

다음 경기는 '헤딩 200번 연속하며 장애물 코스 통과하기'입니다. 상대 팀인 선생님 팀은 헤딩이 익숙하지 않으므로 '공을 한 손으로 잡고 외발뛰기로 장애물 코스를 통과하기'로 겨루기로 했습니다.

다음 경기 준비로 분주해진 모습을 지켜보던 영식이가 다시 정 도사에게 질문했습니다.

"그럼 우리가 그렇게 열심히 노력했는데 실패한 건 왜 그런 거예요? 토마스 쿤이라는 사람이 그런 것도 설명했나요?"

정 도사가 수염을 쓰다듬으며 대답했습니다.

"음, 그건 말이지……. 이미 존재하는 이론과 모순되는 이상 현상들이 계속 쌓이게 되면 그 이론은 위기를 맞지. 정상 과학의 위기야. 그러니까 태평초등학교 축구단이 노력을 했는데도 진 것은 정상 과학이 위기를 맞은 거라고 할 수 있어. 좀 어렵지?"

영식이가 머리를 긁적였습니다.

"알 듯도 하고, 모를 듯도 하고."

그때 다음 경기가 준비된 것을 본 정 도사가 영식이에게 윙크를 해 보였습니다.

"영식아, 내일 또 얘기할까?"

"네."

좀더 이야기를 나누고 싶었지만 아무래도 정 도사를 혼자 차지하는 것은 무리인 것 같아 영식이는 인사를 하고 물러났습니다.

준태와 원우가 지친 몸을 이끌고 집으로 향하고 있었습니다. 저 만치에서 슈퍼마켓 간판이 보였습니다.

준태가 원우에게 말을 걸었습니다.

"원우야, 그런데 그거 진짜 효과 있지 않냐?"

"뭐가?"

준태는 아무래도 신기한 모양이었습니다.

"영양사님 계실 땐 만날 과자 먹고 싶어서 죽을 것 같았거든?"

원우도 같은 생각을 하고 있었나 봅니다.

"응, 나도. 그런데 정 도사님이랑 그 시합한 다음부턴 정말 먹고 싶지 않아졌어."

준태가 맞장구를 쳤습니다.

"맞아. 나 그때 진짜 컨디션 안 좋았어."

둘은 그때의 일을 떠올렸습니다.

하루는 정 도사가 이렇게 제안했습니다.

"군것질만 하면 나쁘다는데, 잘 모르겠지? 우리 한번 실험해 보자."

우선 팀을 둘로 나누었습니다. 과자 팀과 건강 팀으로 각각 나누어섰지만 이틀 후에는 서로 바꾸기로 했기 때문에 불평은 없었습니다.

과자 팀은 아침, 점심, 저녁을 줄곧 과자만 먹었고, 건강 팀은 하루 세 끼를 꼭꼭 챙겨 먹으며 과자는 먹지 않았습니다. 그리고 수업 시간에 보는 쪽지 시험과 방과 후의 수구 시합, 족구 시합 등으로 결과를 비교했습니다.

과연 어땠을까요?

줄곧 과자만 먹은 팀은 쪽지 시험 결과도 그리 좋지 않았고, 조금만 뛰어도 금방 피곤해하고 배가 고프다고 했습니다. 기분도 별로 좋지 않아 같은 팀 아이들에게 잘못을 떠넘기며 싸우게 되었다지요.

이틀 후, 팀 역할을 서로 바꾸어 보았습니다. 그리고 정말 믿을 수 없는 경험을 했습니다. 건강 팀은 이전의 과자 팀만큼이나 컨디션이 나빠졌고, 건강 팀이 된 과자 팀은 쪽지 시험에서도 방과 후 훈련에서도 앞서기 시작했습니다. 그리고 그 다음부터는 축구 팀 누구도 과자를 먹고 싶어 하지 않았습니다.

준태가 한마디 했습니다.

"그래도 가끔씩은 먹어."

원우가 맞장구를 쳤습니다.

"응, 나도. 그렇지만 한 입만 먹으면 충분해. 더 먹고 싶은 생각은 없어."

준태가 그때 일을 기억하며 몸을 떨었습니다.

"그때 초콜릿이랑 아이스크림 잔뜩 먹고 아팠던 생각만 하면 끔찍해."

"그렇지?"

준태와 원우는 슈퍼 쪽에 눈길도 주지 않고 지나쳤습니다.

준태와 원우만 그런 게 아니라 태평초등학교 축구부원들은 이제 군것질을 하지 않게 되었습니다. 과자 값이 좀 들기는 했지만 정 도사의 작전이 통한 것 같지요?

예선 첫 경기 전날, 정 도사와 축구부원들이 뒷산의 아지트에 모였습니다. 드리블과 헤딩 시합에서 우승한 경호는 영국 프리미어 리그의 맨체스터 유나이티드에 있는 박지성 선수 같은 유니폼을 입고 잘난 척을 했고, 태종이는 국가 대표 선수의 유니폼을 입고 있었습니다. 그리고 정 도사에게 패러다임이니 뭐니 하는 질문을 했던 영식이는 선물 받은 멋진 노트를 가시고 있었습니다. 영식이는 선물 받은 새 노트에도 무언가를 적고 있었습니다.

정 도사가 말했습니다.

"자, 명상 시간이다."

축구부원들은 뒷산 아지트에 모일 때마다 모닥불을 피우고 그 주위에 옹기종기 앉아 명상을 하곤 했습니다.

우선 정 도사가 싸 온 김밥을 다 나누어 먹은 축구부원들은 각각 편한 자세로 앉아 눈을 감았습니다.

정 도사가 눈을 감고 조용하게 말을 시작했습니다.

"자, 내일 우리는 여기에서 두 시간 떨어진 곳에서 경기를 치를 거야. 그것을 머리에 떠올려 보자. 차를 타고 경기장으로 가는 동안 모두들 즐거워하고 있어. 내리고 보니까 예쁜 여학생들이 정말 많네. 그쪽으로 자꾸 시선이 가더라도 우선 해야 할 일이 있으니까 경기장으로 들어가는 거야. 잔디를 밟으면서 이 끝에서 저 끝까지 달리면, 우리 동네 뒷산의 울퉁불퉁한 길을 오르는 것보다 훨씬 빨리 달릴 수 있을 것 같다고 생각을 한다. 날씨는 시원하긴 한데 조금 쌀쌀하군. 드디어 인선초등학교 팀이 입장한다. 태종이는 입장하는 아이들에게 지금까지 준비해 온 기량을 보여 주고 싶어서 온몸이 근질거리고, 준태는 태클을 거는 선수를 때려 주고 싶다고 생각한다."

이제는 아이들도 눈을 감고 정 도사의 말을 따라 상상하는 것에 익숙해졌습니다. 그런데도 여기저기서 킥킥거리는 웃음이 터져 나왔습니다.

정 도사가 아이들의 웃음에 신경 쓰지 않고 계속해서 말했습니다.

"5 대 0으로 이겼다. 아싸! 이제 배 터지도록 시루떡을 먹자. 눈 떠!"

아이들의 얼굴에는 미소가 가득했습니다. 그중 영식이는 명상이 끝나자마자 바로 노트에 뭔가를 적었습니다.

정 도사가 몸을 일으키며 말했습니다.

"모두 텐트를 칩시다!"

모닥불에 텐트까지! 축구부원들은 신이 났습니다.

영식이가 정 도사에게 다가갔습니다.

"정 도사님!"

"어, 그래, 영식아."

영식이가 노트의 앞부분을 펼쳐 정 도사에게 척 내밀었습니다.

"이것 보세요."

정 도사는 노트를 힐끗 보았으나 여전히 어리둥절한 표정이었습니다.

"이것은 우리가 지난 한 달 반 동안 했던 거예요."

정 도사가 노트에 적힌 것을 읽었습니다.

"수구, 족구, 서커스 놀이……, 발야구도 있네."

영식이가 말했습니다.

"제가 분석해 봤거든요. 훈련이라고 생각했던 적은 한 번도 없었는데 이렇게 적어 보니까 유산소운동까지 모두 하고 있었던 거예요. 그리고 드리블이나 패스 같은 기술도 꼭 하나씩은 들어가 있었고요."

정 도사가 빙긋 미소를 지으며 영식이의 옆자리에 앉았습니다.

"그럼, 축구 감독인데 축구랑 연관 없는 것을 시키면 안 되잖아?"

영식이가 정 도사의 얼굴을 들여다보며 말했습니다.

"이제 정 도사님의 패러다임이 뭔지 알겠어요."

정 도사도 영식이의 얼굴을 들여다보며 물었습니다.

"그래? 나도 모르는 내 패러다임은 뭔가?"

영식이가 대답했습니다.

"김 감독님과 정 도사님 두 분이 하신 말씀들을 곰곰이 생각해 보고 내린 결론은 이런 거예요. 과학 축구라는 패러다임으로는 우리가 왜 질 수밖에 없는지 설명할 수 없었잖아요. 그래서 과학 축구는 위기를 맞게 되었고, 결국은 사람들의 신임을 잃게 되어 과학 축구라는 패러다임을 주도한 김 감독님이 떠나야 했어요. 그러고 나서 정 도사님의 축구 패러다임으로 바뀐 거예요. 토머스 쿤은 그걸 과학 혁명이라고 했대요."

정 도사가 영식이의 말을 다시 한 번 정리해 주었습니다.

"그렇구나. 새로운 패러다임을 선택한다는 건, 세계를 보는 방법이 완전히 달라진다는 거지. 그 새로운 시각에서 또다시 완벽하게 다시 시작하는 거고."

영식이가 뒤이어 말했습니다.

"네, 그러니까 저희는 '대규모 재조정'을 겪은 거예요. 과학 혁명이 일어난 거지요. 이제 정 도사님의 새로운 세계관으로 전향한 거예요."

정 도사가 웃으면서 말했습니다.

"그렇게 말하니까 뭔가 되게 대단하게 들리네?"

영식이가 흥미롭다는 표정으로 말했습니다.

"이 패러다임이 성공할지는 내일 게임을 해 봐야 알겠지요?"

정 도사가 영식이의 머리를 쓰다듬어 주었습니다. 기특해 죽겠다는 표정이었습니다.

"그래야겠지? 그래서 네가 발견한 나의 패러다임은 뭐더냐?"

영식이가 대답했습니다.

"제 생각에 정 도사님의 패러다임은 몸과 정신의 합체인 것 같아요. 그리고 모든 선수들이 하나로 움직이는 축구이기도 해요. 서로를 아주 잘 알게 되어 한 몸처럼 움직이는 거예요."

정 도사가 놀란 눈으로 영식이를 물끄러미 바라보더니 슬며시 고개를 끄덕였습니다.

"그래, 네가 잘 정리했구나. 몸과 마음이 하나로 움직이면 효과가 몇 배로 커지거든. 너희들의 몸은 훈련이 잘되어 있었지만 마음속은 두려움으로 가득했었어."

"내일 해 봐야 알겠지만……."

영식이가 말끝을 흐리다 정 도사와 시선이 마주치자 웃음을 지어 보였습니다.

"저는 예감이 좋아요."

"그래, 나도 좋다."

두 사람은 마주 보고 웃었습니다.

뒷산 아지트에서 명상했던 대로였습니다.

두 시간 떨어진 곳에 있는 경기장으로 버스를 타고 가며 어머니들이 싸 주신 김밥을 맛있게 먹고, 휴게소에서 산 호두과자도 먹다 보니까 금방 경기장에 도착했습니다.

버스에서 내리자 예쁜 여학생들이 눈에 띄는 것도 명상했던 그대로였습니다. 아이들은 정 도사의 말을 떠올리며 경기장으로 들어갔습니다. 잘 다듬어진 잔디를 밟고 걷는 것 역시 명상했던 대로였지만, 예전과는 다른 느낌이 들었습니다.

축구부원들은 경기장의 이쪽 끝에서 저쪽 끝까지를 쭉 둘러보았습니다. 그들에게 본선 첫 진출 때의 실패는 지워진 지 오래였습니다. 잔디가 뛰기에 딱 좋은 정도라는 생각을 할 뿐이었습니다.

몸을 풀고 있을 때 우혁이가 소리쳤습니다.

"인선초등학교 팀이 입장했다."

호루라기 소리와 함께 경기가 시작되었습니다.

태평초등학교 팀은 놀이를 하듯 공을 잡아 골대 쪽으로 신나게 몰아가기 시작했습니다. 패스하는 것은 발야구 할 때처럼 정확하게, 뛰는 것은 수구로 완벽하게 다듬어진 다리를 이용해서, 드리블은 장애물 통과 경기 때처럼 재미있게 하다 보니 어느새 골대 앞이었습니다.

준태가 거침없는 탱크처럼 몰고 가던 공을 뻥 찼습니다.

골인!

10분 후, 이번에는 태종이가 한 골을 넣었습니다. 공을 거의 묘기에 가깝게 다루어서는 적진까지 어렵지 않게 몰고가 걷어찼는데 골대 안 깊숙이 들어가 버렸던 겁니다.

전반전 끝나기 직전에 넣은 세 번째 골인은 경태의 차지였습니다.

45분이 지나자 헐떡거리는 인선초등학교 팀과는 달리 태평초등학교 팀은 별로 힘든 기색을 보이지 않았습니다.

후반전, 태평초등학교 팀에서 두 골을 더 넣어 5 대 0으로 경기가 마무리되었습니다. 별로 힘도 들이지 않고 펄펄 날아다니는 태평초등학교 축구부의 실력에 응원 온 학부모들은 놀라움을 감추지 못했습니다.

준태 아버지는 아이들의 몸놀림을 좇느라 응원도 제대로 못했습니다. 슬슬 노는 것처럼 공을 다루더니 어느새 골을 넣었습니다.

영식이가 좋은 예감이 든다고 했었죠? 그 말 그대로 태평초등학교 팀은 압도적인 승리를 거두었습니다.

"와아!"

"5 대 0이라니 굉장해!"

경기가 끝나자 응원을 온 학부모들이 아이들을 향해 함성을 질렀습니다.

아들을 대견해하면서 등을 두들겨 주는 준태 아버지, 눈물까지 글썽이는 영식이 어머니, 꽹과리를 치며 덩실덩실 어깨춤을 추는 태종이 아버지…… 태평초등학교 축구팀 승리의 기쁨을 만끽했습니다.

"아유, 우리 아들 왜 이렇게 잘 뛰어, 응?"

"박지성 선수도 안 부럽더라!"

"축구 천재 났어!"

태평초등학교 팀은 완전히 축제 분위기였습니다.

그때 누군가가 정 도사에게 다가와 손을 내밀었습니다.

"정 도사님?"

정 도사는 자신을 향해 내민 손을 얼결에 맞잡았습니다.

손을 내밀었던 사람이 자신을 소개했습니다.

"저는 이 감독이라고 합니다. 인선초등학교 팀을 맡고 있습니다."

정 도사가 그러냐며 인사를 건넸습니다.

"아, 네. 반갑습니다."

이 감독이 웃으면서 말했습니다.

"예전에 전국 대회에서 태평초등학교 팀을 본 적이 있습니다. 그때보다 기량이 월등해졌습니다. 하하."

정 도사가 말을 받았습니다.

"예, 그렇습니까? 감사합니다. 인선초등학교 팀도 잘하던데요."

이 감독은 그냥 건네는 말이 아니라는 뜻을 정확하게 전달하고 싶은 듯했습니다.

"아니요, 뭔가 달랐습니다. 예전에 보았을 때도 태평초등학교 팀은 실력이 있었습니다. 그런데 오늘은 상상을 초월했습니다. 비결이 뭡니까?"

정 도사가 빙그레 미소를 짓다가 말했습니다.

"과감한 교체지요."

이 감독이 눈을 번쩍이며 물었습니다.

"네? 누구와 누구를 교제해서 그랬단 말입니까?"

정 도사가 미소를 거두지 않고 대답했습니다.

"아니, 선수끼리의 교체가 아니고 새로운 패러다임으로 절묘하게 교체한 것이 승리의 비결이었다는 의미입니다. 정상 과학의 위기 끝에 따라오는……."

"예?"

이 감독이 고개를 갸우뚱거렸습니다.

그날 태평초등학교 팀이 거둔 승리는 이어질 우승 신화의 물꼬를 텄습니다.

4승으로 전국 대회 예선을 통과하고 본선에서도 연속 4승을 거뒀습니다. 그리고 16강에서 3 대 1, 8강에서 4 대 2를 거둬 4강에 진출했습니다. 그리고 지난해 우승 팀을 상대하여 결승전을 치르게 되었습니다.

전국 대회 결승전이 치러지던 날.

태평초등학교 축구팀 아이들은 싱글벙글 웃으며 경기장에 입장했습니다. 예전처럼 부담스럽지 않았습니다. 아이들은 정 도사가 '이기면 꿀 시루떡 배 터지게 먹어도록 해 주마'라고 했던 약속만을 머릿속에 담고 있는 것 같았습니다. 그리고 이기든 지든 결승까지 왔으니 올 겨울에는 제주도로 단체 여행 가자고 했던 부모님들의 약속만을 떠올리는 것 같았습니다.

그리고 그날, 태평초등학교는 대회 사상 최고의 점수 차로 우승을 했습니다. 6 대 0.

과학 혁명과 실제 예

새로운 패러다임이 기존의 패러다임을 대체할 때 과학자들은 과학 혁명이라는 새로운 전기를 맞게 됩니다. 코페르니쿠스의 지동설이 프톨레마이오스의 천동설을 뒤엎고, 양자물리학과 일반상대성이론이 뉴턴 역학을 뒤엎은 것은 패러다임의 근본적 변화를 보여주는 실제 예들입니다. 병의 자연발생론에서 세균 이론으로 옮아가는 것도 패러다임 자체가 대체된 과학 혁명의 좋은 예입니다. 즉, 새로운 패러다임이 기존의 패러다임을 대체할 때 일어나는 것이 과학 혁명(scientific revolution)인 것입니다.

과학 혁명에서 가장 뚜렷한 실례는 흔히 혁명이라는 딱지를 달고 있는 과학사의 그 유명한 사건들입니다. 쿤은 이러한 과학 혁명의 예로 프톨레마이오스의 천동설에서 코페르니쿠스의 지동설로서의 변혁, 뉴턴의 역학에서 아인슈타인의 상대성이론으로의 변혁 등을 제시하고 있습니다. 또한 아리스토텔레스가 주장하여 1천 년 이상 지배한

'자연은 진공을 싫어한다', '물체는 무거울수록 빨리 떨어진다' 라는 이상한 명제를 자신의 저서 ≪신과학 대화, 두개의 새로운 과학에 대한 대화≫에서 반박한 갈릴레이의 변혁도 좋은 예입니다. 이외에도 연금술에서 근대 화학으로의 변혁(특히 4원소설 등의 낡은 원소관을 추방하고 근대 화학에 원자론을 도입한 보일의 변혁과 산소를 발견함으로써 그때까지의 연소 개념을 총체적으로 전복하고 새 패러다임을 연 라부아지에의 변혁), 위계설을 극복하고 혈액 순환설을 제시한 하비의 생물학적 변혁 등, 실로 과학의 모든 분야에서 과학 혁명이 발견됩니다.

　　그렇다면 앞으로도 과학혁명은 계속될 텐데, 과연 어떤 것일까요?

에필로그

'태평초등학교의 미스터리.'

'꼴찌에서 일등까지.'

'축구가 제일 쉬웠어요.'

전국 대회에서 태평초등학교가 거둔 우승을 신문들은 앞 다투어 실었습니다. 예선을 통과할 때만 해도 그리 주목받지 못했던 팀이 본선에 진출하면서부터 그 기량을 더욱 뽐내더니 결국 우승을 거둔 것을 보며 많은 사람들이 응원해 주었던 것입니다.

그러면 과학 축구를 했을 때는 왜 이런 즐거운 승리를 거두지 못했을까요? 과학 축구가 잘못되었던 걸까요? 아닙니다. 김 감독의 훈련 프로그램은 세계 곳곳에서 널리 쓰이는 방법입니다. 인체에 대한 이해나 섬세한 스포츠 이론을 바탕으로 합니다.

태평초등학교가 우승을 거둔 데는 정 도사의 방법보다 김 감독이 정성스레 준비한 프로그램이 훨씬 더 큰 도움이 되었을 거라 믿는 사람들도 있습니다.

정 도사의 방법이 태평초등학교 팀의 우승에 결정적인 영향을 끼쳤지만, 먼저 과학 축구의 훈련 없었다면 불가능했을지 모르기 때문입니다. 그건 아무도 모르는 일입니다. 어쩌면 태평초등학교 팀은 그저 재미있게 축구를 하는 아이들 정도로 그쳤을 수도 있거든요.

그러니까 두 방법 중 어느 쪽이 더 낫다거나 못하다고 말할 수 없습니다.

그렇다면 정 도사의 방법이 과학 축구의 단점을 보완한 것일까요? 사실 정 도사의 방법과 김 감독의 방법은 완전히 달랐습니다. 그리고 이런 생각을 할 분도 있을 텐데, 두 분이 동시에 태평초등학교 팀을 맡았더라면 어땠을까요? 아마 어느 쪽도 성공을 거두지 못했을 겁니다. 훈련을 위해서라면 김 감독의 패러다임이나 정 도사의 패러다임 중 하나를 골라 충실히 해야 하는 것이니까요. 자장면도 맛있고 김치찌개도 맛있다고 해서 둘을 섞어 먹는 짓은 하지 않잖아요. 이것은 패러다임들끼리는 '통약 불가능' 하다는 의미를 설명해 줍니다.

자, 이제는 패러다임에 대해 혼자 설명해 볼 수 있나요?

토머스 쿤과 과학 혁명

몰라볼 정도로 확 바뀌는 것을 흔히 개혁 또는 혁명이라고 하지요. 정치 개혁이니 군사 혁명이니 하는 말로 우리에게 익숙합니다. 그런데 지식을 가장 엄밀하게 탐구하는 과학은 늘 신중하게 수행되기 때문에 혁명이란 표현은 어색해 보입니다. 과학은 오랜 역사를 통해서 꾸준히 완성시켜 나가는 것처럼 여겨지기 때문에 지속적으로 발전한다는 표현이 더 어울릴 것 같습니다.

하지만 과학철학자 토머스 쿤은 과학 발전도 하나의 체계가 조금씩 수정·보완을 거듭하며 완성 되어가는 것이 아니라, 마치 혁명이 일어난 것처럼 전혀 다른 체계로 교체되는 과정이라고 주장합니다. 기존의 과학이 여러 가지 문제를 해결하기에 모자람이 없는 동안에는 그것을 '정상 과학' 이라는 이름의 진리 체계로 여기며, 정상 과학을 이루는 공통의 규칙을 비롯한 사고의 틀 전체를 패러다임이라 부릅니다.

그런데 언제나 그랬듯이 정상과학의 수정·보완으로는 해결할 수 없는 새로운 문제가 발생합니다. 그런 심각한 문제에 이른 상태를 '정상과학의 위기'라고 합니다. 과학이 이 위기를 벗어나 발전을 이루는 것은 패러다임을 기존의 것과는 전혀 다른 것으로 교체하여 새로운 정상 과학을 이룸으로써 가능해집니다. 이렇게 바뀌는 것을 '혁명적인 과정'이라고 부르지요. 과학 혁명은 한 패러다임 내의 과학이 모순으로 부글부글 끓다가 위기에 닥쳐 뉴턴이나 아인슈타인 같은 혁명가에 의해 새로운 패러다임으로 전환하는 과정입니다.

그 흐름을 요약하면 다음과 같습니다.

옛 과학 → 패러다임 출현 → 정상 과학 → 위기 → 혁명 →
경쟁적 패러다임 출현 → 새 정상 과학

쿤의 주장이 충격적인 이유는 상식과도 같은 '과학이 절대 진리 향해 나간다'라는 과학의 일방적 진보 개념을 부정하기 때문입니다. 그것은 다시 말해 과학적 연구에 있어 보편적인 원칙(혹은 원리)이 없다는 주장입니다. 과학은 어떤 우주적인, 보편적인, 혹은 영구불변의 진리를 제시하는 것이 아니라 역사와 사회의 부산물이라는 것이지요. 따라서 역사적 상황이나 사회적 여건이 변하면 진리의 내용도 변한다는 것으로서, 이런 쿤의 입장은 '상대주의'라는 비판을 받기도 합니다.

통합형 논술
활용노트

01 긴상시 감독이 강조한 '축구의 패러다임이 바뀌어야 한다' 라는 말은 구체적으로 어떠한 것이었는지 책에서 찾아 서술해 보세요.

02 정 도사는 김상식 감독과 어떻게 달랐나요? 그리고 여러분은 정 도사의 훈련 방법을 어떻게 생각하는지 답해 봅시다.

03 여러분이 김성식 감독과 징 도사에 이어 대평초등학교 축구부를 지도하게 된다면 패러다임을 어떻게 바꿀 것인지 자유롭게 논술해 보세요.

04 토머스 쿤은 '우리가 어떠한 패러다임을 가지느냐가 중요하다' 라고 말합니다. 그 이유에 대해 읽은 내용을 바탕으로 설명해 봅시다.

05 '과학 혁명'이란 새로운 패러다임이 기존의 패러다임을 바꿀 때 일어납니다. 여러분이 가지고 있던 상식이나 생각이 어떠한 사건을 계기로 바뀐 적이 있나요? 그러한 경우를 '작은 과학 혁명'이라고 불러도 좋겠죠. 구체적인 예를 들어 논술해 봅시다.

통합형 논술
문제풀이

01 　김상식 감독이 오기 전까지 태평초등학교 축구부는 꼴찌였습니다. 공을 빼앗겨도 이름 그대로 태평하기로 유명했습니다. 마을 사람들과 아이들은 축구를 놀이의 하나로만 대하고 우승 여부나 전략 개발 등에 전혀 신경을 쓰지 않았던 것입니다. 하지만 김상식 감독은 이러한 주먹구구식 생각을 바꿔 버릴 패러다임으로 '과학 축구'로의 변화를 주장하고 나섰습니다. 이는 축구를 놀이로 보는 것이 아니라 기술, 체력, 경험, 지식이 필요한 과학적인 스포츠라고 보는 시각입니다. 김상식 감독은 패러다임의 변화를 위해 과자를 금지하고 잡곡밥, 야채, 생선 반찬으로 식단을 바꾸고, 아이들의 체력 강화에 힘쓰는 등, 우승을 위한 전략을 강화하며 예전과는 다른 생활을 제시합니다. 하지만 태평초등학교 축구부가 지역 예선에서 우승하지 못함으로써 김상식 감독이 제안한 과학 축구 패러다임은 위기를 맞게 됩니다.

02 　과학적인 훈련을 통해 체력 강화와 몸 만들기에 중점을 두었던 김상식 감독과 달리 정 도사는 몸과 마음이 하나 되는 훈련에 집중하라고 강조했습니다. 그리고 그러한 훈련은 생활 속에서 자연스럽게 이루어져야 한다고 했습니다. 즉, 체계적이고 과학적인 훈련도 물론 중요하지만, 두려움과 부담 없이 연습하고 그것을 재미있어하는 마음이 몸에 배야 진정 축구 실력이 향상되고 몇 배가 되는 효과를 볼 수 있다는 것입니다.

또한 정 도사는 이러한 연습을 통해 선수들이 경쟁이 아닌 협동을 자연스럽게 깨닫고 서로를 더욱 잘 이해할 수 있다고 보았습니다. 즉, 정 도사는 몸과 마음의 중요성을 똑같이 두고 그것들을 조화롭게 발전시키는 데 목적을 두었습니다. 저는 이러한 정 도사의 방식에 찬성합니다. 하지만 정 도사의 훈련이 우승을 끌어낸 이유는 앞서 김상식 감독이 실행한 훈련의 영향도 있었을 것이라고 생각합니다.

03 제가 태평초등학교 축구부를 맡게 된다면 아이들이 스스로 자신들의 부족한 부분을 발견해 내고 그 부분을 향상, 발전시킬 수 있도록 개별적인 훈련을 강화할 것입니다. 현재 태평초등학교 축구부원들은 두 번에 거친 패러다임의 변화를 통해 몸과 마음의 발전이 어느 정도 이루어진 상태입니다. 그러나 개인에 따라 체력 보강을 더 해야 하는 경우도 있을 것이고, 이기적이거나 욕심이 많은 아이의 경우 명상이나 마음 다스리기를 통해서 보다 많은 정신 집중이 필요할 수도 있습니다. 저는 각 축구부원에 대한 사려 깊은 면담과 특성 파악을 통해 아이들의 실력이 보다 향상될 수 있도록 최선을 다할 것입니다.

04 패러다임이란 우리가 '사물이나 현상을 이해하거나 설명하는 사고의 틀', 또는 '사물을 보는 방식'을 의미합니다. 토머스 쿤에 따르면 우리는 반드시 특정 패러다임을 통해서 사물과 현상을 이해하기 때문에, 어떤 패러다임을 가지느냐가 매우 중요합니다. 본문에서도 태평초등학교 축구부 아이들이 축구를 이해하는 패러다임이 변화하는 것을 알 수 있습니다. 우승을 위해 과학적인 전략과 기술이 필요하다고 생각하고 체력 강화를 중심에 두었던 패러다임, 몸과 마음의 조화로운 발전에 목적을 두고 자연스럽게 실력의 향상을 높이고자 했던 패러다임이 그것입니다. 본문의 태평 축구부가 과학 축구라는 패러다임에 따라 훈련을 했으나 성과가 나타나지 않은 것은 정상 과학의 위기에 해당하며, 혼란과 반성을 거쳐 정 도사를 감독으로 영입한 것은 '마음 다스리기'라는 새로운 패러다임의 출현에 해당합니다. 즉 모든 패러다임은 '옛 과학 → 패러다임 출현 → 정상 과학 → 위기 → 혁명 → 경쟁적 패러다임 출현 → 새 정상 과학'이라는 변화와 발전을 겪게 됩니다.

05 제가 초등학교 시절 활동했던 독서 동아리에 '민영'이라는 친구가 가입했을 때의 일입니다.

커다란 눈에 당차 보이는 그 아이는 '김이민영'이라고 자신의 이름을 소개했습니다. 저는 처음에 그 말을 듣고 다소 의아해하다가 성이 '김'이고 이름이 '이민영'인 특별한 경우가 아닐까 하고 제멋대로 이해했습니다.

하지만 민영이는 나중에 저에게 자신의 이름은 '민영'이고 다만 아버지의 성과 어머니의 성을 함께 붙여 사용할 뿐이라고 설명해 주었습니다. 또한 우리나라의 법률상으로는 아버지의 성을 따르는 것이 원칙이나, 자기는 '부모님 성 같이 쓰기 운동'에 참여하고 있기 때문에 비공식적인 자리에서는 '김이민영'이라고 소개한다고 덧붙였습니다.

저는 그 말을 듣고 처음에는 적지 않은 충격을 받았습니다. 부모님 두 분 모두가 저를 낳아 주시고 길러 주셨음에도 불구하고, 저는 대부분의 사람들처럼 아버지의 성을 따르는 것에 아무런 의심이나 불만을 느꼈던 적이 없었기 때문입니다. 제가 그동안 얼마나 틀에 박힌 사고 속에서 살아왔는지 반성하는 계기가 되었음은 물론입니다.

그 이후 저도 '부모님 성 같이 쓰기 운동'에 참여하고 있고 남들 앞에서 저를 소개할 때 '장오창현'이라고 소개하곤 합니다.